Unser Bestes für Ihre Familie

SO KOCHE ICH GERNE

World of Thermomix

Liebe Kundinnen, liebe Kunden,

getreu unserem Slogan „Unser Bestes für Ihre Familie" entwickeln wir die Thermomix-Welt ständig weiter zu einem großen, weltumspannenden Zuhause für jede Familie, rund um das Thema Kochen und gesunde Ernährung. Wir wissen, unsere Kunden haben individuelle Vorstellungen, denen wir mit unseren Angeboten gerecht werden wollen. Deshalb haben wir unsere Kunden konkret gefragt, welche Grundbedürfnisse sie mit dem Kochen verbinden – und sie haben uns interessante Antworten gegeben.

Zum einen gibt es kulturelle Unterschiede in der Kochkunst, denen wir durch eine internationale Rezeptvielfalt gerecht werden – zum anderen hat jeder Mensch in der Küche sein eigenes Naturell, seine eigene Art zu kochen. Diese Vorlieben teilt er mit vielen anderen in der Welt, die ähnliche Ansprüche haben.
Es ist also naheliegend, ein Kochbuch zu entwickeln, dass dieser Kreativität und Vielfalt gerecht wird.

„So koche ich gerne" ist der Titel für diesen 2. Band unserer internationalen Kochbuchreihe, da er sich ausschließlich an den Interessen und Wünschen unserer Kunden orientiert. Ein Kochbuch, das Ihnen nicht nur Rezepte auflistet, sondern sich Ihrem Kochstil anpasst: Gerade so, wie der Thermomix.

Wir haben es Ihnen so einfach wie möglich gemacht, den Thermomix für Ihre persönlichen Kochgewohnheiten zu nutzen. Dazu tragen die Erfahrungen unserer zahlreichen, leidenschaftlich engagierten Rezeptentwicklerinnen und -entwickler bei – kombiniert mit der bewährten und innovativen Technologie des Thermomixes. Nutzen Sie die vielfältigen Möglichkeiten, um sich, Ihrer Familie und Ihren Gästen ebenso gesunde wie wohlschmeckende Gerichte zu servieren.

Wir wünschen Ihnen viel Vergnügen beim Kochen und genussvollen Appetit beim Probieren der Gerichte.

Herzlichst Ihr

Jörg Körfer
President & CEO Division Thermomix

Einer für alle

Es gibt Typen, die finden leicht Freunde. Sie sind besonders hilfsbereit, dabei vielseitig begabt und werden von jeder und jedem sofort verstanden. Der Thermomix ist so ein Zeitgenosse. In tausenden Küchen weltweit unterstützt er viele Familien und unterschiedliche Menschen dabei, leckeres und gesundes Essen auf tausend Weisen zuzubereiten.

Dabei ist er auf so vielen Gebieten bewandert, dass er täglich mehrmals zum Einsatz kommt und ganz nebenbei viele Küchen von so manchen Gerätschaften befreit hat, die er allesamt mühelos ersetzt. Den wollen Sie kennen lernen? Da steht er: Ein echter Könner für Kenner und ein flinker Helfer für alle, die kochen.

Aller Anfang ist leicht
Jede und jeder kann kochen lernen. Einsteiger freuen sich über den Thermomix als zuverlässigen Begleiter für die ersten Schritte in der Welt des Kochens.

Drei, zwei, eins, gekocht
Auch die schnelle Küche ist sehr lecker, wenn man weiß, wie es geht. Wir geben Ihnen Anregungen, wie Sie Tag für Tag unkomplizierte Speisen zubereiten können.

Kochen für viele
Wie bewältigt man leicht die alltägliche Pflicht in der Familie? Der Thermomix hilft Ihnen, auch viele Esser regelmäßig zu verwöhnen.

Auf den folgenden Seiten finden Sie einige Beispiele, wie Sie den Thermomix in Ihrem Kochalltag gewinnbringend einsetzen können. Seine Möglichkeiten reichen tatsächlich noch sehr viel weiter. Babynahrung zubereiten, Gästen ein außergewöhnliches Mahl bereiten … Ihrer Fantasie sind keine Grenzen gesetzt.

Gesund essen

Alles, was gut schmeckt, macht dick? Falsch. Ausgewogene Rezepte und Zutaten sind eine gute Voraussetzung für bekömmliche Speisen. Wir zeigen Ihnen, wie.

Fleischliebhaber

Der Thermomix und die Fleischgerichte – selten ergänzen sich zwei Dinge so harmonisch.

Ihre Rezepte, Ihr Stil

Sie brauchen keine Anleitung in der Küche, sondern nur ein intelligentes Werkzeug an Ihrer Seite? Dann werden Sie den Thermomix schätzen.

Kochen ist schwer?
Von wegen.

Gutes Essen muss nicht kompliziert sein. Wir haben extra für die Neulinge der Kochkunst eine Reihe anspruchsloser Rezepte zusammengestellt, die mit dem Thermomix jedes Mal besonders leicht gelingen. Beginnen Sie einfach mit den vorgeschlagenen Speisen. Erfolg garantiert. Sie lassen sich lieber etwas persönlich erklären? Unsere Repräsentantin vor Ort besucht Sie gerne für eine Vorführung. Nehmen Sie mit ihr Kontakt auf. Lassen Sie sich überzeugen: Der Thermomix kocht nicht nur einfach, leicht und schnell, Sie beherrschen ihn auch schnell.

Keine Erfahrung – kein Problem

Der Thermomix macht es Einsteigern richtig leicht. Nach kürzester Zeit werden Sie mit dem Thermomix schmackhafte Menüs zaubern können.

1) Starten Sie mit Rezepten, die sich in wenigen Schritten ausführen lassen. Vielleicht eine leckere Suppe, dampfgegartes Gemüse, ein Kuchen oder ein kühler Drink?
2) Wählen Sie für den Anfang vielleicht ein Rezept aus, für das sie die Zutaten schon im Haus haben. Dann können Sie gleich loslegen.
3) Lesen Sie das Rezept am Anfang ganz durch. Vertrauen Sie den Angaben im Rezept, sie werden funktionieren. Wenn Sie einfach den Schritten folgen, lernen Sie ganz von selbst, den Thermomix richtig einzusetzen.
4) Heute bereiten Sie vielleicht nur etwas Einfaches zu – und schon morgen ein Abendessen für Ihre Familie. Fragen Sie Ihre Lieben nach ihren Lieblingsrezepten!
5) Sollten Sie einmal an irgendeinem Punkt dennoch nicht weiter wissen, dann können Sie immer noch Ihre Thermomix-Repräsentantin anrufen. Sie hilft Ihnen gerne. Oder Sie schreiben uns eine Mail an mein.kochbuch@thermomix.com

Kalte Rote-Bete-Suppe
Seite 72

Rieslingsuppe
Seite 76

Couscous mit Lamm-Gemüse-Ragout
Seite 124

Kabeljau mit Zitrusbutter
Seite 130

Spargel mit Kartoffeln
Seite 172

Béchamelsauce
Seite 178

Pflaumenaufstrich
Seite 206

Mangoeis
Seite 224

Mandelkuchen „Santiago"
Seite 254

Heiße Schokolade
Seite 294

Mühelos kochen, in Ruhe genießen

Wer Tag für Tag von Arbeit und Familie beansprucht wird, hat selten viel Zeit zum Kochen. Hier ist der Thermomix eine wirklich starke Hilfe. Wir haben für Sie die besten unter den schnellen Rezepten zusammengestellt und das Ganze mit nützlichen Hinweisen garniert, wie Sie Zeit sparen und dennoch fein essen können. Guten Appetit.

Wenn es schnell gehen soll …

Eine Stunde gekocht und in zehn Minuten ist alles gegessen? Das geht auch entspannter. Der Thermomix ist ideal geeignet für alle, die wenig Zeit zum Kochen verwenden möchten und lieber in Ruhe essen.

1) Achten Sie auf die Zeitangaben im Rezept ⌛. Alle Rezepte in diesem Buch zeigen Ihnen genau, wie viel Zeit Sie mit der Zubereitung beschäftigt sind und wann das Essen schließlich auf dem Tisch steht.
2) Gleichzeitiges Kochen spart Zeit: Garen Sie im Varoma Fleisch oder Fisch und Gemüse, während Sie im Mixtopf eine feine Sauce, Suppe oder Kartoffeln oder Reis im Gareinsatz dazu kochen.
3) Wählen Sie Rezepte mit wenigen Zutaten aus. Legen Sie einen Vorrat mit häufig genutzten Zutaten an und Sie sind immer gut vorbereitet.
4) Kochen Sie eine größere Menge, als Sie gerade brauchen, und frieren Sie die restlichen Portionen ein. Eine ideale Zeitersparnis für alle Saucen, Eintöpfe und Aufläufe etc.
5) Nutzen Sie die Möglichkeit, auf tiefgefrorene Zutaten zurückzugreifen. Zum Beispiel bei Gemüse oder Früchten, die sich schneller verarbeiten lassen, weil sie bereits geputzt sind.
6) Planen Sie frühzeitig den Speiseplan der nächsten Woche und erstellen Sie einen Einkaufszettel für den Großeinkauf der haltbaren Lebensmittel, dann brauchen Sie nur noch zwischendurch einmal die frischen Zutaten wie Fleisch, Salat, Gemüse und Obst besorgen.
7) Sie können Zutaten wie Parmesan, Paniermehl, Vanillezucker, Würzpasten, Dressing (ohne Zwiebeln) u. a. vorab auf Vorrat herstellen.

Gemischte Rohkost
Seite 54

Gazpacho „Andalusia"
Seite 70

Jakobsmuscheln mit Porree
Seite 140

Risotto mit Safran
Seite 146

Sauce Hollandaise
Seite 178

Kräuterschmand
Seite 188

Fruchteis
Seite 226

Mandelkonfekt
Seite 280

Petersilien-Drink
Seite 288

Lassi
Seite 292

Einer für alle

Großes Essen – große Hilfe

Es gibt nichts Gemütlicheres als das gemeinsame Essen am großen Tisch mit der Familie oder Freunden. Für viele zu kochen ist ein Freude und auch eine Herausforderung. Dabei können die Mengen, die zu kochen sind, Respekt einflößen – es soll ja nichts schiefgehen. Zwei Dinge sind dann für das Gelingen entscheidend: Die kluge Vorbereitung und ein vielseitiger Helfer in der Küche. Und den haben Sie ja.

Gut vorbereitet, lächelnd serviert

Der Thermomix nimmt Ihnen die Zubereitung von Suppen, Dips, Salatsaucen und Aufstrichen in größeren Mengen ab. Aber auch Teige und verschiedene Hackfleischgerichte können Sie für viele Personen mit dem Thermomix mühelos zubereiten. Lassen Sie sich von den Rezepten auf dieser Seite inspirieren.

1) Achten Sie auf die Portionsangaben. Ein kleines Symbol zeigt Ihnen, für wie viele Portionen das Rezept gedacht ist. Viele Rezepte lassen sich durch mehr Zutaten noch um ein, zwei Portionen erhöhen (Achten Sie auf die maximale Füllmenge). Brauchen Sie erheblich mehr: Wiederholen Sie das Rezept einfach, bis die Menge ausreicht.
2) Verwenden Sie den Thermomix als Ihren persönlichen Küchenassistenten. Er schneidet fix ein halbes Kilo Zwiebeln und kocht bis zu zwei Liter Sauce für Ihre Pasta. Auch Desserts lassen sich in der gleichen Menge mühelos zubereiten.
3) Überlegen Sie, welche Teile des Essens Sie schon frühzeitig vorbereiten können. Ein Dressing für den Salat beispielsweise, oder Hefe-, Mürbe- und Nudelteig, die einige Zeit zum Ruhen brauchen. Bleibt Essen übrig, frieren Sie es für eine schnelle spätere Verwendung ein.
4) Legen Sie Ihren Speiseplan rechtzeitig fest. Wenn Sie bereits eine Woche vorher wissen, was Sie kochen werden, können Sie auch entspannt im Voraus einkaufen.
5) Überlegen Sie sich eine sinnvolle Reihenfolge bei der Zubereitung der einzelnen Gänge. Manchmal ist es beispielsweise klug, die Nachspeise vor dem Hauptgang herzustellen, wenn sie noch im Kühlschrank gelagert werden muss.

Weißkohl-Salat
Seite 56

Winterliche Gemüsesuppe
Seite 86

Lasagne al forno
Seite 106

Fischtopf
Seite 134

Tomatenreis
Seite 166

Himbeerkonfitüre
Seite 202

Milchreis
Seite 218

Dinkel-Buchweizen-Brot
Seite 236

Schoko-Cookies
Seite 282

Limonade
Seite 288

Einer für alle

Ausgewogen kochen, gesund genießen

Gesundes Essen liegt im Trend. Es hält fit und führt fast von selbst zu einem vernünftigen und attraktiven Wohlfühlgewicht. Diese Speisen sind nicht nur gesund, sondern auch sehr lecker, wie wir Ihnen mit unseren Thermomix-Rezepten zeigen werden.

Schlank und gesund

Ob Rohkost oder schonendes Dampfgaren – gerade die besonders gesunden Zubereitungsarten sind mit dem Thermomix bestens möglich.

1) Achten Sie bei den Rezepten auf die Nährwertangaben ⓣ. So können Sie zielsicher bedarfsgerechte Rezepte auswählen und kombinieren.
2) Greifen Sie wenn möglich bei allen Rezepten auf frische Zutaten von hoher Qualität zurück und vermeiden Sie damit unerwünschte Zusatzstoffe.
3) Nutzen Sie die Möglichkeit, im Varoma besonders vitamin- und mineralstoffschonend zu dampfgaren.
4) Benötigen Sie eine spezielle Ernährung, dann zeigt Ihnen Ihre Repräsentantin gerne unsere nach diätetischen Gesichtspunkten entwickelten Kochbücher.

Die zehn Regeln der gesunden Ernährung

1) Vielseitig essen. Eine ausgewogene Mischkost ist die Basis jeder gesunden Ernährung.
2) Reichlich Getreideprodukte – und Kartoffeln. Sie enthalten kaum Fett, aber reichlich Vitamine, Mineralstoffe, Spurenelemente sowie Ballaststoffe.
3) Gemüse und Obst – am besten 5 Portionen über den Tag verteilt.
4) Täglich Milch und Milchprodukte; ein- bis zweimal in der Woche Fisch; Fleisch, Wurstwaren sowie Eier in Maßen.
5) Wenig Fett und fettreiche Lebensmittel. 60–80 Gramm Fett pro Tag reichen aus.
6) Zucker und Salz in Maßen. Würzen Sie abwechslungsreich mit Kräutern.
7) Reichlich Flüssigkeit. Trinken Sie rund 1,5 Liter Flüssigkeit jeden Tag.
8) Im Dampf zu garen statt zu kochen erhält die Nährstoffe, Farbe und Form.
9) Nehmen Sie sich Zeit, genießen Sie Ihr Essen.
10) Achten Sie auf Ihr Gewicht und bleiben Sie in Bewegung. Gehen Sie regelmäßig spazieren oder treiben Sie Sport.

Auberginensalat Zaalouk
Seite 68

Badische Kartoffelsuppe
Seite 80

Gefüllte Wirsingrollen mit Tomatensauce
Seite 102

Thunfisch mit Kartoffelragout
Seite 136

Ratatouille
Seite 170

Hummus
Seite 196

Fruchteis
Seite 226

Natur- oder Kokosnuss-Joghurt
Seite 230

Apfel-Nuss-Brot
Seite 252

Fitness-Drink
Seite 291

Einer für alle

Der Thermomix für Fleischliebhaber

Wer gerne Fleisch isst, braucht einen Thermomix. Er kocht, schmort, dünstet und dämpft das Fleisch auf schonende Weise und bereitet auch noch die Beilagen und Saucen zu. Farcen und Füllungen für Braten, Strudel, Frühlingsrollen oder Filet Wellington kocht und zerkleinert er in kürzester Zeit. Sogar Ihr in der Pfanne angebratenes Fleisch rundet der Thermomix mit einer edlen Sauce ab.

Sie lieben Fleisch nicht nur sonntags?

Der Thermomix kann im Varoma auch beispielsweise Hackbällchen, Geflügel, Schweinelende, Kalb- und Rindfleisch zubereiten – zart gedämpft und auf den Punkt gegart.

1) Nutzen Sie die Möglichkeit, zartes Rindfleisch oder Geflügel im Thermomix zu schmoren oder in Brühe zu kochen – ganz einfach im Mixtopf mit Linkslauf auf Sanftrührstufe. Sie gewinnen ganz nebenher eine exzellente Sauce oder eine gehaltvolle Fleischbrühe als Fond für eine Suppe.
2) Sie denken bei Fleisch an saftige Steaks aus der Pfanne und schmackhafte Braten aus dem Backofen? Der Thermomix zaubert Ihnen dazu Ihre Marinaden, Saucen, Salatsaucen, Gemüsebeilagen und was Sie sonst zum Fleisch reichen wollen.
3) Fleisch bleibt besonders saftig, wenn es zum Garen in hitzebeständige Frischhaltefolie oder Alufolie eingewickelt wurde. Fügen Sie frische Kräuter oder feine Gewürze bei, Sojasauce oder was Ihnen schmeckt, und legen Sie Ihr Fleisch in den Varoma. Das funktioniert mit Truthahnkeule ebenso gut wie mit kleinen feurigen Fleischbällchen.
4) Bratenreste vom Vortag lassen sich im Varoma auf Varomatemperatur ohne zusätzliches Fett und ohne trocken zu werden wieder aufwärmen.
5) Fleisch kann im Varoma ohne zusätzliches Fett gegart werden.

Wichtige Tipps zur Fleischzubereitung

- *Salzen Sie erst im letzten Moment vor dem Anbraten, da sich sonst die Poren öffnen und Flüssigkeit aus dem Fleisch gesogen wird. Geschnetzeltes erst nach dem Anbraten salzen, kurz bevor man das Fleisch ablöscht oder aus der Pfanne nimmt.*
- *Nach vollendeter Garung in Varoma, Pfanne oder Backofen den Braten eine Weile ruhen lassen. Das Fleisch entspannt sich dabei, die Flüssigkeit kann sich im Inneren verteilen, das Fleischstück wird weicher und saftiger.*
- *Zum Anbraten eignen sich Erdnussöl, Olivenöl oder Butterschmalz.*

Linsensuppe
Seite 84

Marokkanische Suppe „Harira"
Seite 88

Schweinelendchen mit Trockenpflaumen gefüllt
Seite 98

Königsberger Klopse
Seite 100

Ungarischer Gulasch
Seite 122

Kartoffelpüree italienische Art
Seite 166

Ketchup
Seite 186

Mojo grün
Seite 190

Mango-Chutney
Seite 200

Brotvarianten mit Feta und Oliven
Seite 240

Einer für alle

Die große Freiheit.
Kochen mit dem Thermomix

Viele Wege führen zum Erfolg. Finden Sie heraus, wie Sie am liebsten kochen, und experimentieren Sie mit den vielfältigen Möglichkeiten des Thermomix. Machen Sie sich frei von den grammgenauen Anweisungen der Rezepte. Sie werden sehen: Sie improvisieren und es gelingt trotzdem. Und von Mal zu Mal steigern Sie sich.

Kochen, wie ich es will

Sie haben Rezepte lieben gelernt, die Sie nicht in unseren Büchern finden, oder probieren einfach gerne Neues aus? Der Thermomix wird Ihnen in jedem Fall als geschickter Freund zur Seite stehen. Viel Erfolg!

1) Machen Sie sich mit den vielen Anwendungen vertraut, die Ihnen der Thermomix bietet: Wiegen, hacken, schneiden, mahlen, pulverisieren, pürieren, mixen, mischen, rühren, kneten, emulgieren, kochen und dampfgaren.
2) Überlegen Sie bei jedem Rezept: Was kann mir der Thermomix hier abnehmen?
3) Es ist mit etwas Übung ganz einfach, gewohnte Rezepte zu variieren und neue zu erfinden. Wenn Sie sich bei Ihren Rezepten die Zeiten, Temperaturen und Stufen notieren, haben Sie eine sichere Ausgangsbasis dafür, das gelungene Rezept beim nächsten Mal noch zu optimieren.
4) Wenn Sie etwas kochen wollen, sehen Sie sich vorher einige ähnliche Rezepte im Thermomix-Kochbuch an. So bekommen Sie wichtige Anregungen, wie Sie den Thermomix für Ihre Zubereitung nutzen können.

Auf den folgenden Seiten erfahren Sie, wie Sie den Thermomix erfolgreich einsetzen. Sollten Sie weiterführende Fragen haben, hilft Ihnen Ihre Thermomix-Repräsentantin weiter.

Gemischte Rohkost
Seite 54

Minestrone
Seite 74

Gemüse mit Reis und süß-saurer Sauce
Seite 148

Pizza Margherita
Seite 154

Kartoffel-Gemüse-Püree
Seite 168

Salat-Dressings
Seite 182

Frischkäse-Aufstrich
Seite 198

Apfel-Crumble
Seite 222

Marmorkuchen
Seite 258

Smoothie
Seite 290

Einer für alle

So einfach geht es

Komfortabel kochen mit dem Thermomix

Bitte stellen Sie den Thermomix auf eine saubere, stabile, ebene und nicht heizbare Arbeitsfläche. Über dem Thermomix sollte ausreichend Platz sein. Beachten Sie dazu auch die Gebrauchsanleitung.

1–5) Bereiten Sie eigene Rezepte zu, sollten Sie zunächst planen, in welcher Reihenfolge Sie die erforderlichen Arbeitsschritte ausführen müssen. Das Rezept gelingt sehr leicht, wenn Sie alle Zutaten bereitstellen und vorbereiten.

6) Platzieren Sie nun den Mixtopf: Beginnen Sie stets mit einem trockenen und sauberen Mixtopf, besonders dann, wenn Sie mahlen, hacken oder reiben wollen.

7–8) Sitzt der Mixtopf, drücken Sie den Knopf rechts neben dem Display. Ein Piep ertönt und es zeigt nun „0.000" und das Waagesymbol. Alles, was Sie ab jetzt einfüllen, wird gewogen. Füllen Sie die Zutaten nach und nach in den Mixtopf, ein erneutes Drücken der Waagetaste stellt die Waage wieder auf null. Beachten Sie die maximale Füllmenge von 2 l.

9) Sind alle Zutaten im Mixtopf, dann schließen Sie ihn. Wenn nichts anderes angegeben ist, sitzt der Messbecher dabei in der Mixtopf-Deckelöffnung. Das Rezept gelingt sehr leicht, wenn Sie die Tasten und den Drehzahlwähler am Thermomix in dieser Reihenfolge betätigen: Zuerst die Zeit, dann, wenn etwas erhitzt werden soll, die Temperatur, evtl. ↺, und die richtige Stufe. Beim Teigkneten gilt: Zeit wählen, Drehzahlwähler auf ⌴ und den ⚜ drücken.

10–12) Füllen Sie einfach Wasser und Salz oder Brühe in den Mixtopf. Die Flüssigkeitsmenge variiert von Rezept zu Rezept. Als Faustregel für Ihre eigenen Rezepte gilt: 30 Minuten Dampfgaren erfordern 500 g Wasser (bei Reis 1000 g), alle weiteren 10 Minuten zusätzliche 150 g. Setzen Sie den Gareinsatz ein und befüllen Sie ihn mit den Zutaten wie Kartoffeln, Reis oder anderem Gargut mit der längsten Garzeit in Ihrem Gericht. Schließen Sie den Mixtopf.
Wenn Sie den Varoma-Einlegeboden nutzen, setzen Sie ihn in den Varoma-Behälter und legen den Varomadeckel darauf. Der Varomadeckel muss locker und gerade aufliegen, damit er gut abschließt und kein Dampf am Rand entweicht.
Setzen Sie den Varoma so auf den Mixtopfdeckel (ohne Messbecher), dass er gut sitzt.
Jetzt stellen Sie den Thermomix an (Punkt 9). Wenn die Speisen fertig gegart sind oder Sie den Gargrad überprüfen möchten, drehen Sie den Drehzahlwähler auf Position ⌴ oder ⌴. Heben Sie dann den Varomadeckel mit der nötigen Sorgfalt ab. Achtung, es tritt heißer Wasserdampf aus! Öffnen Sie den Deckel zuerst an der Ihnen abgewandten Seite.

13–18) Befüllen Sie den Varoma-Behälter und Einlegeboden locker mit den Zutaten. Vergewissern Sie sich, dass stets einige Schlitze frei bleiben, damit sich der Wasserdampf optimal verteilen kann. Geben Sie die Zutaten entsprechend ihrer Garzeit in den Varoma, beispielsweise Gemüse mit längerer Garzeit in den Varoma-Behälter und schnell garenden Fisch auf den Varoma-Einlegeboden.

Fetten Sie den Varoma-Behälter und Einlegeboden ein, um das Anhaften von Speisen wie Fleisch, Fisch oder Teig zu vermeiden. Sie können Zutaten auch in ein feuchtes ausgedrücktes Backpapier oder eine Aluminiumfolie einwickeln, damit nichts nach unten tropft.

Nützliche Tipps

19) Mithilfe des Spatels werden Zutaten in die Nähe des Messers geschoben. Die Sicherheitsmanschette verhindert, dass der Spatel vom Messer erfasst wird.

20) Sie können den Varomadeckel auch umdrehen und als Wasser-Auffangschale für den Varoma-Behälter und den Einlegeboden nutzen. Er dient Ihnen auch als Tablett zum Servieren der Speisen.

21) Den heißen Gareinsatz entnehmen Sie mit dem Spatel.

22) Den Gareinsatz können Sie auch als Sieb nutzen.

23) Setzen Sie den Gareinsatz anstelle des Messbechers auf den Mixtopfdeckel, wenn Sie die Flüssigkeitsmenge im Mixtopf reduzieren wollen, um den Geschmack einer Sauce zu konzentrieren. So verhindern Sie das Herausspritzen von Flüssigkeiten bzw. Gargut und der Dampf kann entweichen.

24) Füllen Sie 70 g Wasser in den Messbecher oder fixieren Sie ihn mit der Hand, so verhindern Sie, dass er aufschwimmt, während Flüssigkeiten (z. B. Öl) vom Mixtopfdeckel langsam in den Mixtopf tropfen sollen.

Kochen mit dem Thermomix

21

Den Thermomix entleeren und reinigen

25) Entleeren Sie den Mixtopf mit dem Spatel.

26) Setzen Sie danach den Mixtopf wieder ein und wählen Sie 3 Sek./Stufe 10 oder drücken kurz die Turbotaste oder mit Rühraufsatz 5 Sek./Stufe 4, dann fliegen alle Reste an den Mixtopfrand und sind leicht zu entnehmen.

27) Vorreinigen: Geben Sie warmes Wasser und einen Tropfen Spülmittel in den Mixtopf und mixen Sie auf Stufe 5–6. Drücken Sie dabei mehrmals ↻ an und aus.

28) Mit Spülbürste, Spültuch und Spülmittel lässt sich der Thermomix leicht reinigen.

29) Selbstverständlich können Sie auch alles in die Spülmaschine geben. Um ein Verziehen der Kunststoffteile zu vermeiden, achten Sie darauf, dass die Teile locker in der Spülmaschine liegen.
Falls Ihre Spülmaschine sichtbare Heizspiralen hat, dürfen die Kunststoffteile nur in den oberen Korb der Spülmaschine gelegt werden.

Was der Thermomix für Sie erledigt ...

1) Zutaten wiegen
Bevor die erste Rezeptzutat gewogen werden soll, stellen Sie die Waage durch Drücken der Tarataste zunächst auf „0.000". Geben Sie die Zutaten in den Mixtopf oder Varoma hinein. Zuwiegen ist durch erneutes Drücken der Tarataste möglich. Achtung: Überschreiten Sie nie die maximale Füllmenge des Mixtopfes und des Varoma.

2) Mischen
Mit dem Thermomix lassen sich Zutaten ganz einfach auf Stufe 2–4 vermischen, beispielsweise Pfannkuchenteig, Marinaden, Getränke etc., in Mengen von 100 g bis maximal 2000 g.

3) Emulgieren
Zum Herstellen von Mayonnaise und Dressings werden wässrige Flüssigkeiten wie Essig oder Zitronensaft mit Ölen und einem Emulgator – zum Beispiel Eigelb, Milch oder Soja-Drink – vermischt. Emulgieren geht einfach und schnell im Thermomix, dazu wählen Sie die Drehzahlstufe 3 bis 5 ohne Rühraufsatz oder mit Rühraufsatz nur bis Stufe 4. Fixieren Sie den Messbecher in der Deckelöffnung mit der Hand und gießen Sie das Öl in den Mixtopfdeckel neben dem Messbecher. Das Öl läuft in einem dünnen Strahl am Messbecher vorbei, wird in kleine Tröpfchen zerteilt und mit den anderen Zutaten emulgiert.

4) Kneten
Kneten von Teigen wie Hefe- und Brotteigen, Nudelteigen, Fleischteigen geht im Thermomix schneller und leichter als auf herkömmliche Art. Wenn alle Zutaten im Mixtopf sind und der Mixtopfdeckel verschlossen ist, wählen Sie eine Zeit und den Teigmodus und Ihr Teig wird wie von Bäckerhand durchgeknetet. Bleiben Sie während des Knetens beim Thermomix. Verwenden Sie nicht mehr als 700 g Mehl für Ihren Teig. Brauchen Sie mehr, bereiten Sie den Teig zweimal hintereinander zu.

5) Schlagen

Sahne, Eischnee und Cremes lassen sich im Thermomix prima herstellen. Zum Schlagen steckt man den Rühraufsatz auf das Mixmesser und stellt eine Drehzahlstufe zwischen 2 und 4 ein.

Lebensmittel	*Menge*	*Zeit*	*Stufe*
Eiweiß	2–10	3½ Min. – 7 Min.	3
Sahne	200 g–600 g	bis die gewünschte Festigkeit erreicht ist	3

6–7) Erhitzen, Kochen, Dampfgaren

Mit dem Thermomix kann man Lebensmittel von 37 °C bis 100 °C und Varoma genau erhitzen. Die Restwärmeanzeige erlaubt ein kontrolliertes Abkühlen des Mixtopfinhaltes.

> Bei 37 °C erwärmen Sie Babybrei oder lösen Sie Hefe in Milch oder Wasser auf.
> Schokolade lässt sich am besten bei 50 °C schmelzen. Gelatine können Sie bei 60 °C auflösen.
> Wasserbad-Gerichte gelingen immer bei 70 °C bis 80 °C. Schlagen Sie beispielsweise Zabaglione und Sauce Hollandaise.
> Für Grünen Tee erhitzen Sie Wasser auf 80 °C. Dieselbe Temperatur wählen Sie zum Pochieren von Fisch oder Legieren von Suppen mit Ei.
> Im Mixtopf bei 90 °C kochen Sie Cremes zur Rose und bei 100 °C garen Sie Suppen und Eintöpfe, ebenso Pasta und Reis.
> Das Andünsten von Zwiebeln, Gemüse oder Sofrito geht ganz leicht bei 100 °C oder Varoma.
> Varoma-Temperatur ermöglicht das vitamin- und mineralstoffschonende Dampfgaren von Fisch, Fleisch und Gemüse im Varoma und von Reis oder Kartoffeln im Gareinsatz.

Füllen Sie 500 g Wasser oder Brühe in den Mixtopf und dampfgaren Sie die **angegebene Zeit**/**Varoma**/**Stufe 1**:

Lebensmittel	*Menge*	*Zeit*	*Bemerkung*
Fisch & Meeresfrüchte			
Fischfilets	800 g	15–20 Min.	z. B. Lachs
Muscheln	500 g	15–20 Min.	ganz, ungeöffnet
Garnelen	800 g	10–16 Min.	roh, ungeschält (aufgetaut)
Forellen	2 Stück	15–20 Min.	
Fleisch			
Fleischbällchen	500 g	25–30 Min.	Aprikosengröße
Hühnchenbrustfilets	600 g	20–25 Min.	
Putenschnitzel	600 g	20–25 Min.	
Bockwürstchen	5 Stück	10–15 Min.	je nach Dicke

8) Zerkleinern

Hacken, Schneiden, Mahlen, Pulverisieren und Pürieren erledigt der Thermomix für Sie. Beim Zerkleinern werden die Drehzahlstufen 4–10 genutzt. Stufe 4 eignet sich für grobes Zerkleinern, z. B. Gemüse und Kartoffeln stückig für eine Suppe wie Minestrone. Mit Stufe 10 werden eher harte Lebensmittel wie Getreide, Reis, Zucker und Parmesan zerkleinert.

Für ein gleichmäßiges Zerkleinerungsergebnis schneiden Sie die Zutaten in möglichst gleich große Stücke (ca. 5 x 5 cm).

Er zerkleinert in Rekordzeit, deshalb zerkleinern Sie zunächst nur für eine kurze Zeit, überprüfen Sie das Ergebnis und arbeiten bei Bedarf nochmals nach.

Funktion	Lebensmittel	Menge	Zeit	Stufe
Raspeln	Möhren	700 g	4–5 Sek.	5
	Weiß-/Rotkohl	400 g	10–12 Sek.	4
	Früchte (z. B. Äpfel, Birnen)	600 g	4–5 Sek.	4
	Blockschokolade, grob	200 g	4–5 Sek.	7
	Blockschokolade, fein	200 g	6–8 Sek.	8
Hacken	Kräuter	20 g	3 Sek.	8
	Knoblauch	1 Zehe	2–4 Sek.	8
	Zwiebel	1 Stück (50 g)	3–5 Sek.	5
	Eiswürfel	200 g	3–5 Sek.	5
	Nüsse (z. B. Haselnüsse, Mandeln)	200 g	5–7 Sek.	6
	Fleisch (z. B. Rind, Schwein)	300 g, in Stücken, angefroren	10–12 Sek.	6
Reiben	Brötchen, grob	3 Stück, geviertelt	9–10 Sek.	4
	Brötchen, fein	3 Stück, geviertelt	13–15 Sek.	7
	Kartoffeln	1000 g, geviertelt	12–15 Sek.	5
	Käse (z. B. Greyerzerkäse, Emmentaler), mittelalt	200 g, in Stücken	10–12 Sek.	5
	Parmesan	100 g, in Stücken	15–20 Sek.	10
Mahlen	Getreide, grob	250 g	15–18 Sek.	10
	Getreide, fein	250 g	1 Min.	10
	Kaffee	100–250 g	1 Min.	9
	Nüsse (z. B. Haselnüsse, Mandeln), fein	200 g	8–10 Sek.	7
	Hirse	250 g	50 Sek.	10
	Mohn	250 g	30 Sek.	9
	Pfefferkörner, grob	10 g	8–10 Sek.	9
	Reis	100 g	1–1½ Min.	10
	Sesam, fein	200 g	16–18 Sek.	9
Pulverisieren	Gewürzsamen	20 g	1 Min.	9
	Zucker	200 g	15–20 Sek.	10

Symbolliste

Gesamtzeit:
Sie zeigt Ihnen den kompletten Zeitaufwand. Einige Speisen sind sehr schnell fertig, andere werden bereits am Vortag vorbereitet. Sie beinhaltet auch Backzeiten, Kühlstellen etc.

Zubereitungszeit:
Diese Zeit sollten Sie selbst für die Zubereitung des Rezepts einplanen. Andere Zeiten, beispielsweise für Backen oder Abkühlen, werden im Rezepttext erwähnt und sind in der Gesamtzeit berücksichtigt.

klein   mittel   groß

Portionen:
Hier erhalten Sie Angaben zu der Portionsanzahl oder -größe

einfach   mittel   aufwändig

Schwierigkeit:
Sie werden alle Rezepte problemlos meistern. Bei einigen nehmen Sie sich vielleicht etwas mehr Zeit, wenn Sie noch keine Erfahrung im Kochen oder im Umgang mit Ihrem Thermomix haben.

Nährwerte:
Hier finden Sie Angaben zu den wichtigsten Nährwerten.

Zutaten:
Alle benötigten Zutaten sind hier übersichtlich mit genauen Mengenangaben aufgeführt.

Rezeptnummer

Rezeptname

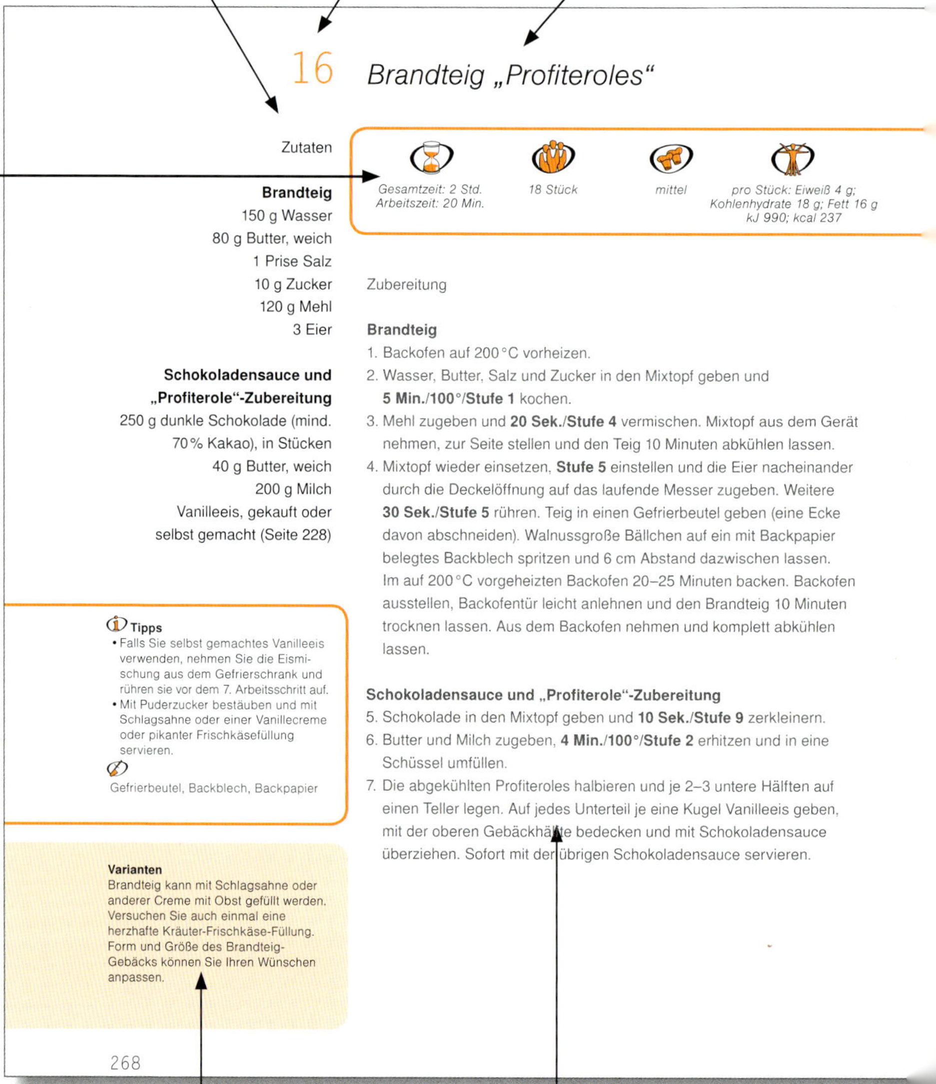

16   Brandteig „Profiteroles"

Zutaten

Gesamtzeit: 2 Std.   *18 Stück*   *mittel*   *pro Stück: Eiweiß 4 g;*
Arbeitszeit: 20 Min.   *Kohlenhydrate 18 g; Fett 16 g*
                                                            kJ 990; kcal 237

Brandteig
150 g Wasser
80 g Butter, weich
1 Prise Salz
10 g Zucker
120 g Mehl
3 Eier

Schokoladensauce und „Profiterole"-Zubereitung
250 g dunkle Schokolade (mind. 70 % Kakao), in Stücken
40 g Butter, weich
200 g Milch
Vanilleeis, gekauft oder selbst gemacht (Seite 228)

ⓘ Tipps
- Falls Sie selbst gemachtes Vanilleeis verwenden, nehmen Sie die Eismischung aus dem Gefrierschrank und rühren sie vor dem 7. Arbeitsschritt auf.
- Mit Puderzucker bestäuben und mit Schlagsahne oder einer Vanillecreme oder pikanter Frischkäsefüllung servieren.

Gefrierbeutel, Backblech, Backpapier

Varianten
Brandteig kann mit Schlagsahne oder anderer Creme mit Obst gefüllt werden. Versuchen Sie auch einmal eine herzhafte Kräuter-Frischkäse-Füllung. Form und Größe des Brandteig-Gebäcks können Sie Ihren Wünschen anpassen.

268

Zubereitung

Brandteig
1. Backofen auf 200 °C vorheizen.
2. Wasser, Butter, Salz und Zucker in den Mixtopf geben und **5 Min./100°/Stufe 1** kochen.
3. Mehl zugeben und **20 Sek./Stufe 4** vermischen. Mixtopf aus dem Gerät nehmen, zur Seite stellen und den Teig 10 Minuten abkühlen lassen.
4. Mixtopf wieder einsetzen, **Stufe 5** einstellen und die Eier nacheinander durch die Deckelöffnung auf das laufende Messer zugeben. Weitere **30 Sek./Stufe 5** rühren. Teig in einen Gefrierbeutel geben (eine Ecke davon abschneiden). Walnussgroße Bällchen auf ein mit Backpapier belegtes Backblech spritzen und 6 cm Abstand dazwischen lassen. Im auf 200 °C vorgeheizten Backofen 20–25 Minuten backen. Backofen ausstellen, Backofentür leicht anlehnen und den Brandteig 10 Minuten trocknen lassen. Aus dem Backofen nehmen und komplett abkühlen lassen.

Schokoladensauce und „Profiterole"-Zubereitung
5. Schokolade in den Mixtopf geben und **10 Sek./Stufe 9** zerkleinern.
6. Butter und Milch zugeben, **4 Min./100°/Stufe 2** erhitzen und in eine Schüssel umfüllen.
7. Die abgekühlten Profiteroles halbieren und je 2–3 untere Hälften auf einen Teller legen. Auf jedes Unterteil je eine Kugel Vanilleeis geben, mit der oberen Gebäckhälfte bedecken und mit Schokoladensauce überziehen. Sofort mit der übrigen Schokoladensauce servieren.

Varianten:
Manche Rezepte schmecken beispielsweise als Fleischgericht, aber auch als vegetarisches Essen, andere können problemlos mit dem wechselnden saisonalen Gemüseangebot gekocht werden.

Zubereitung:
Hier werden alle Arbeitsschritte genau beschrieben.

Abbildungen:
Bei manchen Arbeitsschritten hilft eine bildliche Darstellung – manchmal wollten wir Ihnen einfach nur zeigen, wie viel Spaß das Kochen mit dem Thermomix macht oder wie die Zutaten im rohen Zustand aussehen.

Gut zu wissen:
Interessante Hinweise zu Besonderheiten oder zur Vorgeschichte des Rezeptes.

Kapitel

Alles Wichtige auf einen Blick!

Rezeptseiten – einfach und klar

Tipp:
Hier erhalten Sie Hinweise, wie Sie das Essen geschmackvoll anrichten können oder was bei der Zubereitung zu beachten ist und welche Zutaten Sie wie ersetzen können.

Küchenzubehör:
Zeigt Ihnen, welche Hilfsmittel Sie unbedingt brauchen oder welche nützlich sind.

Was Sie über die Thermomix-Küche wissen sollten

Grundlagen für die erfolgreiche Küche mit den Thermomix

1) Die Grundregel: Ein gutes Essen braucht gute Zutaten. Achten Sie auf Frische und hohe Qualität bei den Lebensmitteln, dann haben Sie eine solide Basis für ein exzellentes Essen. Die Qualität des Lebensmittels kann sich unter Umständen auf die angegebenen Zerkleinerungs- oder Garzeiten auswirken. Deshalb prüfen Sie, ob beispielsweise der Zerkleinerungsgrad des Gemüses Ihrer Vorliebe entspricht oder ob das Gemüse so gegart ist, wie Sie und Ihre Familie es gerne mögen.

2) Alle Mengenangaben in diesem Buch beziehen sich auf vorbereitete Zutaten, also zum Beispiel auf geschälte Kartoffeln und gewaschene und entkernte Gurken.

4) Kräuter lassen sich am besten hacken, wenn sie nach dem Waschen mit Küchenpapier getrocknet wurden.

5) Für ein gleichmäßiges Zerkleinerungsergebnis schneiden Sie die Zutaten in etwa gleich große Stücke (max. 5 x 5 cm). Wenn die Zutaten nicht zerkleinert werden sollen, dann schneiden Sie sie in mundgerechte Stücke.

6) In den Rezepten werden Eier mittlerer Größe (M, ungefähr 60 g) verwendet und keine gesalzene Butter. Mit Mehl ist grundsätzlich Weizenmehl gemeint, wenn nichts anderes angegeben ist. Für Brot und Hefeteig empfiehlt es sich Weizenmehl Type 550 zu verwenden.

3) Waschen Sie die Zutaten gründlich. Fleisch und Fisch müssen immer unter fließend kaltem Wasser abgewaschen und mit Küchenpapier trocken getupft werden.

7) Nehmen Sie sich die Freiheit: Ihnen fehlt eine bestimmte Zutat? Sie dürfen manche Lebensmittel nicht essen? Ersetzen Sie sie durch etwas anderes. Sie lieben Ihr Gemüse etwas weicher? Setzen Sie die Garzeit um zwei Minuten herauf. Lassen Sie Ihrer Fantasie freien Lauf und kochen Sie die Rezepte in Ihrer ganz eigenen Interpretation. Es ist ganz einfach, mit dem Thermomix individuell zu kochen.

8) Für die meisten Rezepte benötigen Sie überall erhältliche Lebensmittel. Falls eine ausgefallene Zutat genannt wird, finden Sie meist einen adäquaten Ersatz. Wählen Sie Petersilie statt Kerbel, Puten- statt Hähnchenbrust, Prosciutto statt Serrano-Schinken, getrocknete statt frische Gewürze, Sahne statt Crème fraîche oder Produkte mit reduziertem Fettgehalt.

9) Passen Sie bei Bedarf die in den Rezepten angegebenen Mengen für Gewürze Ihrem persönlichen Geschmack an.

10) Speisen können auch durch Wasserdampf im Gareinsatz oder im Varoma wieder erwärmt werden. Dabei ist dann keine zusätzliche Fettzugabe erforderlich.

Gramm = Kilogramm	*Milliliter = Liter*
250 g = 0,25 kg	250 ml = ¼ l
500 g = 0,5 kg	500 ml = ½ l
1000 g = 1 kg	1000 ml = 1 l
2000 g = 2 kg	2000 ml = 2 l

11) Nutzen Sie die Garzeiten in den Rezepten als Richtwerte für Ihre eigenen Rezepte. Sie können variieren, abhängig von der Qualität und dem Reifegrad der Zutaten und natürlich von Ihrem persönlichen Geschmack.

12) Gut geplant ist halb gekocht. Sie sparen viel Zeit, wenn Sie sich am Ende der Woche kurz die Mühe machen, die Speisen der nächsten Woche vorab festzulegen. Die Aussicht auf so viele leckere Essen macht Spaß und gibt Ihnen die Möglichkeit, vielleicht einige Zutaten bereits vorzukochen. Machen Sie sich für jeden Einkauf eine kleine Liste, was Sie noch besorgen wollen. Orientieren Sie sich dazu entweder an den Angaben der Rezepte in diesem Buch oder, wenn Sie eigene Rezepte kochen möchten, wählen Sie ein ähnliches aus und wandeln Sie die Zutatenliste entsprechend ab.

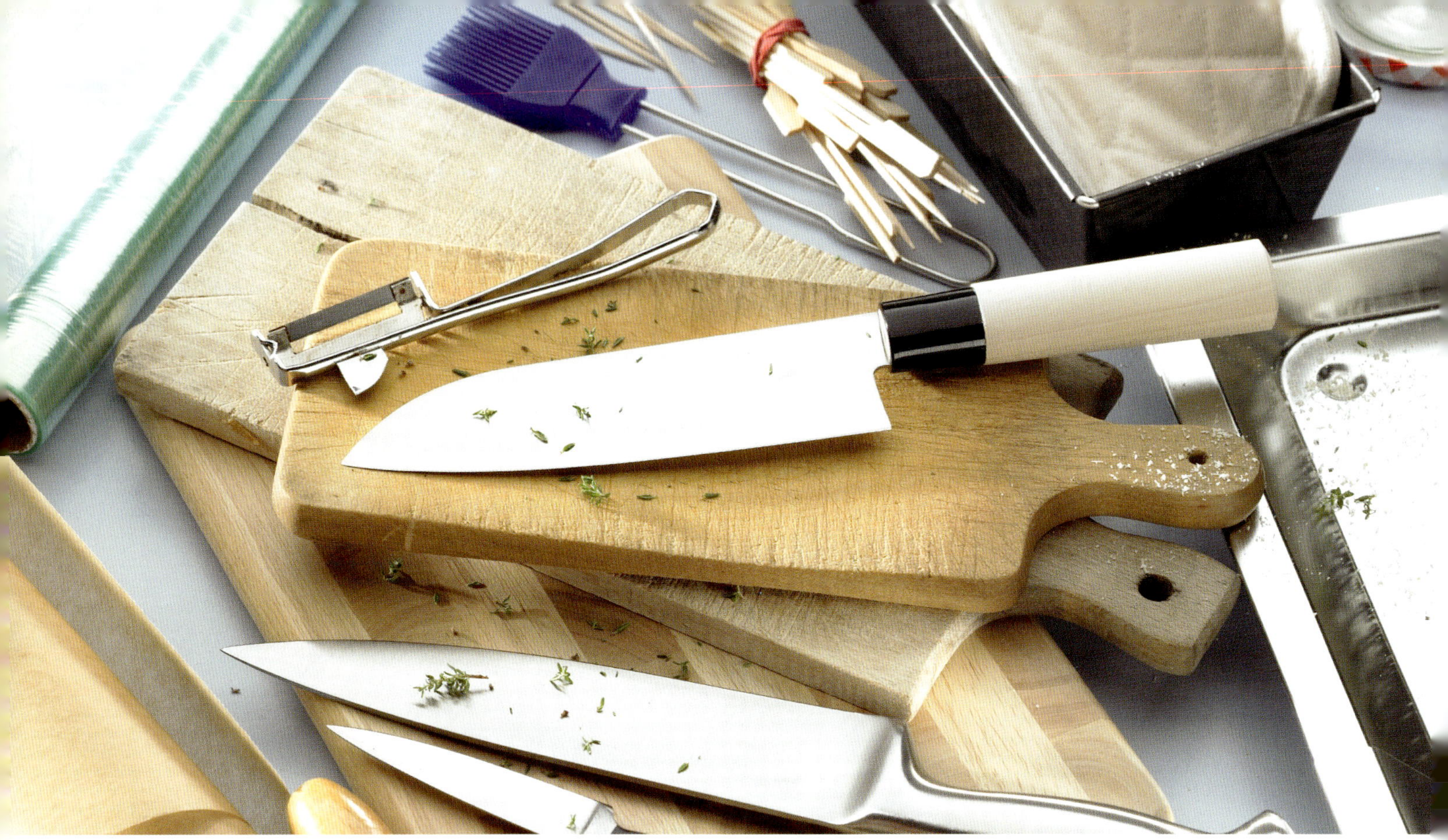

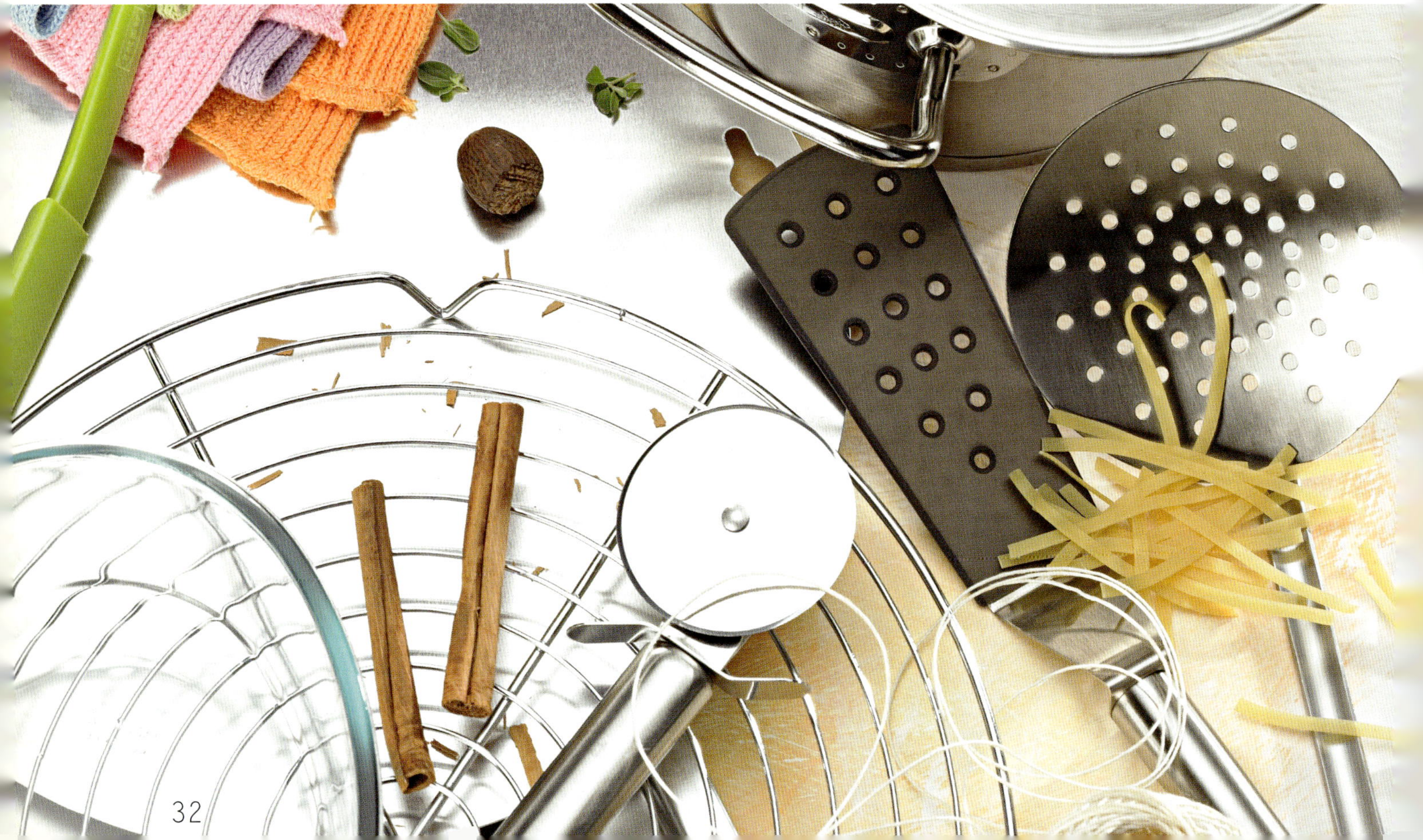

Was Sie immer gut gebrauchen können

Das beruhigende Gefühl, das Wichtigste zu Hause zu haben

Hochwertiges Küchengerät

Neben Ihrem Thermomix sind die folgenden Küchenutensilien sehr hilfreich für das einfache Zubereiten der Speisen: Zwei bis drei gute, scharfe Messer, Schneidbretter, Sparschäler, hitzebeständige Frischhaltefolie, Alufolie, Backpapier, Keramik-Souffléförmchen, Förmchen aus Alu oder Silikon, Auflauf- und Backform, Backblech, Kuchengitter, Topflappen oder -handschuh, Schaschlik-Spieße, Zahnstocher, Schüsseln in verschiedenen Größen, Servierteller, Schraub- und Einmachgläser, Backpinsel und Nudelholz oder einfach ein gerades Glas. Außerdem brauchen Sie Töpfe in unterschiedlichen Größen und eine Pfanne. Wählen Sie in jedem Fall hochwertiges Küchengerät und achten Sie darauf, es vor dem Kauf in die Hand zu nehmen. Nur ein Messer oder ein Schäler, der gut in Ihrer Hand liegt, wird Ihnen bei der Zubereitung Freude machen.

Schmackhafte Grundzutaten

Es ist gut, einen kleinen Vorrat dieser Zutaten zu haben: Mehl, Zucker, Salz, Gewürze, Nudeln, Reis, Dosentomaten, Olivenöl extra vergine, neutrales Öl, Essig, Butter, Sahne, Eier, Zwiebeln, Knoblauch und tiefgefrorenes Obst. Mit einer feinen Gemüse- oder Fleischbrühe bringen Sie Geschmack in den Dampf und schaffen eine gesunde Grundlage für eine Sauce. Kein mediterranes Essen ohne Tomaten. Sie können Tomaten bereits geschält in Dosen (1) kaufen und sparen so etwas Zeit. Für Pizza und einen fruchtigen Sugo eignen sich stückig geschnittene oder passierte Tomaten (2, 3). Tomatenmark (4) verfeinert Saucen und sollte wie Gemüsepaste für Gemüsebrühe immer im Kühlschrank liegen.

Einige der in den Rezepten verwendeten Zutaten können Sie ganz einfach selbst mit dem Thermomix herstellen: Puderzucker, Gemüsesalz, Reismehl, Paniermehl, Pasten für Brühe. Halten Sie sich einen Vorrat in geschlossenen Gläsern, falls notwendig im Kühlschrank. Andere leichter verderbliche Grundzutaten, wie Mayonnaise oder geriebener Käse, lassen sich mit dem Thermomix jederzeit rasch frisch zubereiten.

So bewahren Sie Ihre Vorräte sicher auf

Legen Sie verderbliche Zutaten in den Kühlschrank. Die korrekte Temperatur beträgt 5°C im mittleren Fach. Fleisch und Fisch gehört auf die unterste Schiene, über dem Gemüsefach, weil dort die Temperatur am niedrigsten ist. Darüber finden Eier, Molkereiprodukte, Aufschnitt, Speisereste, Gebäck und Produkte mit der Aufschrift „Geöffnet kühl lagern" ihren Platz. In den Türen ist es am wärmsten und damit günstiger für Butter, Senf oder Getränke.
Stellen Sie frisch gekaufte Lebensmittel nach hinten. So befolgen Sie die Fifo-Regel „First in first out" und verbrauchen die Artikel gemäß ihrer Haltbarkeit.
Manche Lebensmittel, darunter Zitrusfrüchte, Tomaten, Zucchini und Gurken, gehören nicht in den Kühlschrank. Sie verlieren in der Kälte an Qualität. Bewahren Sie sie im Vorratsschrank auf.

Feine Gewürze

Die richtigen Gewürze und Kräuter machen das Essen erst zu einem Hochgenuss. In jeder guten Küche finden sich deshalb Petersilie, Schnittlauch, und Dill – frisch oder tiefgefroren. Außerdem Vanille, Zimt und gemahlener Koriander zum Backen. Viele Saucen gewinnen durch Lorbeer, Nelken und

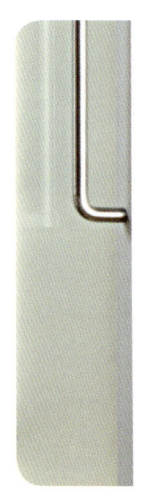

Wacholderbeeren an Aroma. Wer mediterranes Essen schätzt, wird sich Rosmarin, Thymian und Basilikum im Topf halten, für asiatische Rezepte vielleicht sogar etwas Koriander und Ingwer zu Hause haben, dazu Gewürzmischungen wie Curry und Kräuter der Provence.

Speisesalze und Pfeffer sind in großer Vielfalt erhältlich. Grundsätzlich gelten aus dem Meer gewonne Salze, wie das Fleur de Sel, als besonders aromatisch. Finden Sie heraus, was Ihnen schmeckt. Für die schnelle Küche eignen sich vorbereitete Kräuter- oder Gemüsesalze, die nach Geschmack gemischt, gepfeffert und längere Zeit aufbewahrt werden können.

Was Sie brauchen

1 Gewürzpaste für Gemüsebrühe

Gesamtzeit: 45 Min.
Arbeitszeit: 15 Min.

1 Glas

einfach

pro Glas: Eiweiß 28 g;
Kohlenhydrate 28 g; Fett 31 g
kJ 2241; kcal 536

Zutaten

- 50 g Parmesan, in Stücken
- 200 g Staudensellerie
- 250 g Möhren
- 100 g Zwiebeln
- 100 g Tomaten
- 150 g Zucchini
- 1 Knoblauchzehe
- 50 g Champignons, frisch
- 1 Lorbeerblatt, nach Wunsch
- 6 Stängel gemischte Kräuter (Basilikum, Salbei, Rosmarin), frisch, abgezupft
- 4 Stängel Petersilie, frisch
- 120 g Meersalz, grob
- 30 g Weißwein, trocken
- 1 EL Olivenöl

Zubereitung

1. Parmesan in den Mixtopf geben, **10 Sek./Stufe 10** zerkleinern und umfüllen.
2. Alle Gemüse in Stücke schneiden, mit den Kräutern in den Mixtopf geben und **10 Sek./Stufe 7** mithilfe des Spatels zerkleinern.
3. Salz, Wein und Olivenöl zugeben und **40 Min./Varoma/Stufe 2** ohne Messbecher einkochen, dabei den Gareinsatz als Spritzschutz auf den Mixtopfdeckel setzen.
4. Gareinsatz absetzen, zerkleinerten Parmesan zugeben, Messbecher einsetzen, **1 Min./Stufe 10** pürieren, in ein Schraubglas füllen und abkühlen lassen.

Dosierung
Nehmen Sie 1 TL von dieser Paste (ca. 1 Würfel) pro 500 g Wasser, um Gemüsebrühe herzustellen.

Aufbewahrung
Abgekühlte Gewürzpaste hält sich im Kühlschrank mehrere Monate lang.

Schraubglas

Tipps
- Seien Sie kreativ und stellen Sie die Gewürzpaste mit anderen natürlichen Zutaten Ihrer Wahl her.
- Erhöhen Sie die Menge an Champignons, wenn Sie eine vegetarische Brühe mit Champignon-Aroma wünschen.

Grundrezepte

2 Gewürzpaste für Hühnerbrühe

Zutaten

300 g Hähnchenschenkel, ohne Haut und Knochen (von ca. 500 g Hähnchenschenkeln), in Stücken
200 g gemischtes Gemüse, weiß (Sellerie, Zwiebel, Knoblauch, Porree), in Stücken
4 Stängel gemischte Kräuter, frisch (Rosmarin, Thymian, Petersilie), abgezupft
150 g Meersalz, grob
100 g Weißwein
1 Lorbeerblatt
1 Gewürznelke
5 Korianderkörner

Gesamtzeit: 45 Min.
Arbeitszeit: 15 Min.
1 Glas
einfach
pro Glas: Eiweiß 71 g; Kohlenhydrate 20 g; Fett 16 g
kJ 2456; kcal 588

Zubereitung

1. Hähnchenfleisch in den Mixtopf geben, **5 Sek./Stufe 7** hacken und umfüllen.
2. Gemüse und Kräuter in den Mixtopf geben und **10 Sek./Stufe 5** zerkleinern.
3. Salz, gehacktes Fleisch, Wein, Lorbeer, Nelke und Koriander zugeben und **25 Min./Varoma/Stufe 2** ohne Messbecher einkochen. Dabei den Gareinsatz als Spritzschutz auf den Mixtopfdeckel stellen.
4. Gareinsatz abnehmen, Messbecher einsetzen und **1 Min./Stufe 7** pürieren. In ein Schraubglas umfüllen und abkühlen lassen.

Dosierung

Nehmen Sie 1 TL dieser Paste (ca. 1 Würfel) pro 500 g Wasser, um Hühnerbrühe herzustellen.

Tipp

Seien Sie kreativ und stellen Sie die Gewürzpaste mit anderen natürlichen Zutaten Ihrer Wahl her.

Schraubglas

Aufbewahrung

Abgekühlte Gewürzpaste hält sich im Kühlschrank mehrere Monate lang.

Variante

Für eine **Gewürzpaste für Fleischbrühe** nehmen Sie folgende Zutaten: 300 g Fleischwürfel, sehnenfrei, 300 g gemischtes Gemüse (Staudensellerie, Möhren, Zwiebeln, Knoblauch, Tomaten) in Stücken, 4 Stängel gemischte Kräuter (Salbei, Rosmarin), 150 g Meersalz, 30 g Rotwein, 1 Lorbeerblatt, 1 Nelke. Wie oben beschrieben zubereiten.

Grundrezepte

3 Gewürzpaste für Fischbrühe

Gesamtzeit: 40 Min.
Arbeitszeit: 15 Min.

1 Glas

einfach

pro Glas: Eiweiß 89 g;
Kohlenhydrate 2 g; Fett 5 g
kJ 1746; kcal 418

Zutaten

500 g Fisch und Meeresfrüchte, gemischt, frisch (bevorzugt Meerwasserfische: Kabeljau, Seeteufel, Barsch, Scampi, Krabben)
240 g Meersalz, grob

Zubereitung

1. Gut gesäuberte Fische (enthäutet, entgrätet) und Meeresfrüchte (geschält) abgetropft in den Mixtopf geben und **1 Min./Stufe 6** zerkleinern.
2. Salz zugeben und **20 Min./100°/Stufe 1** ohne Messbecher garen. Dabei den Gareinsatz als Spritzschutz auf den Mixtopfdeckel stellen. Spätestens **alle 5 Minuten** den Kochvorgang unterbrechen und den Schaum mit einer Schöpfkelle abschöpfen.
3. Gareinsatz abnehmen, Messbecher einsetzen, **1 Min./Stufe 9** pürieren, in ein Schraubglas umfüllen und abkühlen lassen.

Dosierung
Nehmen Sie 1 TL dieser Paste (ca. 1 Würfel) pro 500 g Wasser, um Fischbrühe herzustellen.

Aufbewahrung
Abgekühlte Gewürzpaste hält sich im Kühlschrank mehrere Monate lang.

Tipp
Mit dieser Paste für Fischbrühe können Sie Ihre Fischgerichte sehr aromatisch würzen.

Schraubglas

Grundrezepte

GRUNDREZEPTE

Gewürzpaste für Gemüsebrühe 36
Gewürzpaste für Hühnerbrühe 38
Gewürzpaste für Fischbrühe 40
Kräutersalz 54
Gemüsesalz 56
Eier kochen 72
Vanillezucker 280

VORSPEISEN UND SUPPEN

Guacamole 50
Lachs-Tartar 52
Gemischte Rohkost 54
Weißkohl-Salat 56
Feurige Kartoffeln (Tapas) 58
Venusmuscheln in Weißweinsauce (Tapas) .. 60
Kleine Krabben-Omelettes (Tapas) 62
Käsesoufflé 64
Vegetarische „Würstchen" im Schlafrock 66
Auberginensalat Zaalouk 68
Gazpacho „Andalusia" 70
Kalte Rote-Bete-Suppe 72
Minestrone 74
Rieslingsuppe 76
Zwiebelsuppe 78
Badische Kartoffelsuppe 80
Kürbissuppe mit Meeresfrüchte 82
Linsensuppe 84
Winterliche Gemüsesuppe 86
Marokkanische Suppe „Harira" 88
Borschtsch 90

Rezeptübersicht

HAUPTGERICHTE MIT FLEISCH

Schweinelendchen mit Trocken-
   pflaumen gefüllt 98
Königsberger Klopse 100
Gefüllte Wirsingrollen mit Tomatensauce . . . 102
Spaghetti Carbonara 104
Lasagne al forno 106
Burrito 109
Hähnchen „San Fernando" 112
Hähnchen-Paprika-Topf 114
Rotes Thai-Curry mit Huhn 116
Rindfleischsuppe 118
Koreanische Nudeln Japchae 120
Ungarischer Gulasch 122
Couscous mit Lamm-Gemüse-Ragout 124
Quiche Lorraine 126
Calzone 128

HAUPTGERICHTE MIT FISCH

Kabeljau mit Zitrusbutter 130
Hecht auf galicische Art 132
Fischtopf 134
Thunfisch mit Kartoffelragout 136
Oktopus-Reis 138
Jakobsmuscheln mit Porree 140
Fischragout mit Kokosmilch 142

HAUPTGERICHTE – VEGETARISCH

Indisches Gemüse-Curry 144
Risotto mit Safran 146
Gemüse mit Reis und süß-saurer Sauce . . . 148
Reibekuchen mit Apfelmus 150
Spanisches Kartoffel-Omelette 152
Pizza Margherita oder Pizza Capricciosa . . . 154
Bandnudeln mit gedünsteten Steinpilzen . . . 156
Klößchen mit süßen Bröseln 158

BEILAGEN

Eiernudeln 162
Semmelknödel 164
Tomatenreis 166
Kartoffelpüree italienische Art 166
Kartoffel-Gemüse-Püree 168
Ratatouille 170
Spargel mit Kartoffeln 172

SAUCEN, DIPS UND BROTAUFSTRICHE

Béchamelsauce 178
Sauce Hollandaise 178
Tomatensauce 180
Pesto mit Basilikum 180
Salat-Dressings (Varianten) 182
Aioli ohne Ei 184
Mayonnaise mit Kräutern ohne Ei 185
Ketchup 186
Tzatziki 188
Kräuterschmand 188
Mojo feurig rot 190
Mojo grün 190
Tapenade 192
Erdnussdip 194
Hummus 196
Frischkäse-Aufstrich 198
Mango-Chutney 200
Himbeerkonfitüre 202
Kiwi-Bananen-Konfitüre 204
Pflaumenaufstrich 206
Haselnuss-Schoko-Creme 206
Lemon Curd 208
Vanillesauce 208

DESSERTS

Zabaglione 212
Schokoladenpudding 212
Schokoladenmousse 214
Crema catalana 216
Milchreis 218
Rote Grütze 218
Pavlova 220
Apfel-Crumble 222
Mangoeis 224
Fruchteis 226
Zitronensorbet 226
Schokoladen- und Vanilleeiscreme 228
Natur- oder Kokosnuss-Joghurt 230

Rezeptübersicht

BACKEN

Dinkel-Buchweizen-Brot 236
Toastbrot 238
Brotvarianten mit Feta und Oliven 240
Baguette, traditionell 242
Chili-Brot 244
Zwiebel-Focaccia 246
Laugenbrezeln 248
Zopf 250
Apfel-Nuss-Brot 252
Mandelkuchen „Santiago" 254
Schokoladenkuchen 256
Marmorkuchen 258
Polnischer Käsekuchen 260
Schwarzwälder Kirschtorte 262
Apfelstrudel 265
Brandteig „Profiteroles" 268
Gebackene süße „Muscheln" 270
Cremetörtchen 272
Lebkuchen mit Honig 274
Mürbeteig-Kekse 276
Cantucci 278
Mandelkonfekt 280
Schoko-Cookies 282

GETRÄNKE

Limonade 288
Petersilien-Drink 288
Smoothie 290
Fitness-Drink 291
Sojadrink 292
Lassi 292
Milchschaum für Cappuccino,
   Latte Macchiato 294
Heiße Schokolade 294
Apfelpunsch 296
Eierlikör 297
Whisky-Sahne-Likör 298
Erdbeer-Limes 299
Margarita 300
Champagner-Zitronen-Slush 302
Caipirinha 303
Piña Colada 304
Punsch vom Loiretal 305
Sangria 306

Vorspeisen und Suppen

Der appetitanregende Einstieg in ein leckeres Mahl.
Oder was Kleines für zwischendurch? Hier findet jeder, was ihm
schmeckt: Lachstartar, Salat, Käsesoufflé oder Zwiebelsuppe und
noch vieles mehr …

1 *Guacamole* — Seite 50

2 *Lachs-Tartar* — Seite 52

3 *Gemischte Rohkost* — Seite 54

4 *Weißkohl-Salat* — Seite 56

5 *Feurige Kartoffeln (Tapas)* — Seite 58

6 *Venusmuscheln in Weißweinsauce (Tapas)* — Seite 60

7 *Kleine Krabben-Omelettes (Tapas)* — Seite 62

8 *Käsesoufflé* — Seite 64

9 *Vegetarische „Würstchen" im Schlafrock* — Seite 66

10 *Auberginensalat Zaalouk* — Seite 68

11 *Gazpacho „Andalusia"* — Seite 70

12 *Kalte Rote-Bete-Suppe* — Seite 72

13 *Minestrone*
🇮🇹 Seite 74

14 *Rieslingsuppe*
🇨🇭 Seite 76

15 *Zwiebelsuppe*
🇫🇷 Seite 78

16 *Badische Kartoffelsuppe*
🇩🇪 Seite 80

17 *Kürbissuppe mit Meeresfrüchten*
Seite 82

18 *Linsensuppe*
🇩🇪 Seite 84

19 *Winterliche Gemüsesuppe*
🇵🇹 Seite 86

20 *Marokkanische Suppe „Harira"*
🇲🇦 Seite 88

21 *Borschtsch*
🇷🇺 Seite 90

Vorspeisen und Suppen

1 Guacamole

Gesamtzeit: 6 Min.
Arbeitszeit: 5 Min.
10 Portionen
einfach
pro Portion: Eiweiß 1 g;
Kohlenhydrate 1 g; Fett 11 g
kJ 440; kcal 105

Zutaten

5 Stängel Koriander, abgezupft
100 g Zwiebeln, halbiert
2 Chili (mittelscharf) frisch, halbiert, entkernt
1 Knoblauchzehe
1 Tomate
450 g Avocados (2–3 Stück), reif, geschält, entkernt
1 EL Zitronensaft
1 TL Salz

Zubereitung

1. Koriander in den Mixtopf geben und **3 Sek./Stufe 5** zerkleinern.
2. Zwiebeln, Chili, Knoblauch und Tomate zugeben, **5 Sek./Stufe 5** zerkleinern und umfüllen.
3. Avocados, Zitronensaft und Salz in den Mixtopf geben und **5 Sek./Stufe 4** zerkleinern.
4. Zwiebel-Tomaten-Mischung zugeben, **10 Sek./Stufe 3** vermischen, mit Salz abschmecken, umfüllen und bis zum Servieren im Kühlschrank aufbewahren.

Tipps
- Legen Sie den Avocado-Kern auf die Guacamole, dann behält die Guacamole ihre appetitlich grüne Farbe und wird nicht braun.
- Servieren Sie Guacamole mit Nachos (Tortilla-Chips) als Vorspeise oder als Tortilla-Sauce.
- Die Mexikaner verwenden Chilischoten der Sorte Serrano. Sie sind grün, 4–6 cm lang und daumendick. An ihrer Stelle können Sie auch ½–1 Teelöffel getrocknete Chiliflocken (Pul Biber) oder Cayenne-Pfeffer nach Geschmack verwenden.

Vorspeisen und Suppen

2 Lachs-Tartar

Zutaten

1 TL rote Pfefferkörner und etwas mehr
2 Stängel Dill, abgezupft, und etwas mehr
300 g Lachsfilet, frisch (Sushi-Qualität), ohne Haut, in 3 Stücken
40 g Zitronensaft
2 EL Olivenöl
½ TL Worcester-Sauce
½ TL Salz
1 Prise Pfeffer
100 g Brunnenkresse oder gemischten Salat

Gesamtzeit: 6 Min.
Arbeitszeit: 5 Min.
6 Portionen
einfach
pro Portion: Eiweiß 10 g; Kohlenhydrate 1 g; Fett 7 g kJ 463; kcal 111

Zubereitung

1. Rote Pfefferkörner und Dill in den Mixtopf geben, **5 Sek./Stufe 6** zerkleinern und mit dem Spatel nach unten schieben.
2. Lachs, Zitronensaft, Olivenöl, Worcester-Sauce, Salz und Pfeffer zugeben und **4 Sek./↺/Stufe 5** zu Tartar verarbeiten.
3. Brunnenkresse auf 6 Tellern verteilen, Lachstartar daraufgeben und mit einigen roten Pfefferkörnern und Dill dekorieren. Kalt servieren.

Tipps
- Empfehlung: Verwenden Sie nur frisches Fischmuskelfleisch, das über mindestens 12 Stunden bei minus 18 °C durchgefroren wurde.
- Etwas gesalzene Schlagsahne dazu reichen.

Variante
Lassen Sie Ihrer Fantasie freien Lauf: Verwenden Sie anstelle von Lachs einen frischen Weißfisch oder mischen Sie verschiedene Fische, z.B. halb Lachs und halb Dorade oder halb frischen und halb geräucherten Lachs.

Vorspeisen und Suppen

3 Gemischte Rohkost

Gesamtzeit: 5 Min.
Arbeitszeit: 5 Min.
4 Portionen
einfach
pro Portion: Eiweiß 1 g; Kohlenhydrate 9 g; Fett 5 g
kJ 375; kcal 90

Zutaten

500 g Gemüse/Obst (z. B. 50 g Sellerie, 100 g Rote Bete, 250 g Möhren, 100 g Äpfel), in Stücken
20 g Öl
20 g Essig oder Zitronensaft
1 TL Kräutersalz
2 Prisen Pfeffer
½ TL Zucker oder Honig

Zubereitung

1. Alle Zutaten in den Mixtopf geben, **4–6 Sek./Stufe 5** mithilfe des Spatels zerkleinern und servieren.

Tipps
- Die Zerkleinerungszeit ist abhängig von der Konsistenz der verwendeten Gemüse- und Obstsorten (z. B. benötigt weiches Gemüse weniger Zeit). Wenn Sie größere Stücke lieber mögen, wählen Sie für die Zerkleinerung eine Geschwindigkeit zwischen **Stufe 4 und 5**.
- Stellen Sie Ihr eigenes Kräutersalz her.
- Servieren Sie Rohkost in einem Salatbett oder mischen Sie Feldsalat unter.
- Wählen Sie Öl und Essig nach Ihrem Geschmack.

Kräutersalz

Gesamtzeit: 3 Min.
Arbeitszeit: 2 Min.
1 Glas
einfach

Zutaten

40 g gemischte Küchenkräuter (Rosmarin, Thymian, Basilikum, Petersilie, Bohnenkraut, Liebstöckel), getrocknet
200 g Meersalz

Zubereitung

1. Kräuter und Salz in den Mixtopf geben und **30–40 Sek./Stufe 9** pulverisieren. Kräutersalz in ein Schraubglas umfüllen und trocken lagern.

Tipp
Verwenden Sie Kräutersalz anstelle von normalem Salz, um Salaten und Suppen einen besonders aromatischen Geschmack zu verleihen.

1 Schraubglas

Varianten
- Kreieren Sie Ihren eigenen Salat; wählen Sie Gemüse und/oder Obst nach Ihrem Geschmack, je nachdem, was Sie gerade zu Hause haben oder nach dem saisonalen Angebot, z.B. Weiß- oder Rotkohl, Kohlrabi, Möhre, Blumenkohl, Brokkoli, Paprika, Zucchini, Apfel, Birne, Pfirsich.
- Sie können mit den Zutaten frische Kräuter zugeben, 50 g Nüsse (z.B. Haselnüsse, Walnüsse, Mandeln, Cashewkerne) oder 20 g Kerne (z.B. Sonnenblumenkerne, Kürbiskerne).

4 Weißkohl-Salat

Zutaten

250 g Weißkohl, in Stücken
60 g Möhren, in Stücken
50 g Zwiebeln, halbiert
50 g rote Paprika, in Stücken
50 g Gewürzgurken, in Stücken
50 g Äpfel, geviertelt
2 Stängel Petersilie, abgezupft
1 TL Zucker
1 TL Salz
2 Prisen Pfeffer
20 g Olivenöl
1 EL Zitronensaft

Gesamtzeit: 10 Min.
Arbeitszeit: 9 Min.
8 Portionen
einfach
pro Portion: Eiweiß 1 g;
Kohlenhydrate 4 g; Fett 3 g
kJ 181; kcal 43

Zubereitung

1. Alle Zutaten in den Mixtopf geben und **12 Sek./Stufe 4** zerkleinern.

Tipp
Toller Partysalat. Wiederholen Sie das Rezept einfach so oft wie nötig.

Gemüsesalz

Gesamtzeit: 5 Min.
Arbeitszeit: 3 Min.
1 Glas
einfach

Zutaten

50 g Suppengemüse, gefriergetrocknet (Möhren, Porree, Sellerie, Petersilienwurzel, Liebstöckel, Zwiebel, Petersilie), in kleinen Stücken
1 EL Kurkuma
1 EL Paprika edelsüß
1 TL Knoblauch, granuliert
1 EL Meersalz
½ TL schwarze Pfefferkörner

Zubereitung

1. Alle Zutaten in den Mixtopf geben, **10 Sek./Stufe 10** zerkleinern, in ein Gefäß umfüllen und gut verschlossen und trocken aufbewahren.

Tipps
- Wenn Sie das Gemüse selbst trocknen, benötigen Sie für 50 g getrocknetes Gemüse ca. 500 g frisches Gemüse. Sie können auch getrocknete Pilze verwenden.
- Wenn Sie mehr Gemüsesalz herstellen möchten oder es als Mitbringsel verschenken möchten, können Sie die Menge auf das 10-fache erhöhen. Die Zerkleinerungszeit verlängert sich etwas.

1 Schraubglas

Variante
Für einen typisch amerikanischen „Cole slaw" geben Sie 3 EL Mayonnaise anstelle des Öls in den Mixtopf.

Vorspeisen und Suppen

5 Feurige Kartoffeln (Tapas)

Zutaten

500 g Wasser
½ TL Salz
500 g Kartoffeln, geschält, in mundgerechten Stücken

Sauce
30 g Olivenöl
1 EL Paprika rosenscharf
½ Chili, frisch, in dünnen Scheiben
½ TL Tabasco
1 EL Rotweinessig
130 g Tomatensauce (siehe Tipp)

*Gesamtzeit: 45 Min.
Arbeitszeit: 10 Min.*

6 Portionen

einfach

*pro Portion: Eiweiß 2 g;
Kohlenhydrate 13 g; Fett 6 g
kJ 500; kcal 119*

Zubereitung

1. Wasser und Salz in den Mixtopf geben, Gareinsatz einhängen, Kartoffeln einwiegen und **30 Min./Varoma/Stufe 1** garen. Kartoffeln auf eine Servierplatte geben und Mixtopf leeren.

Sauce

2. Öl, Paprika, Chili, Tabasco und Rotweinessig in den Mixtopf geben und **2 Min./100°/Stufe 2** dünsten.
3. Tomatensauce zugeben, **1 Min./Stufe 8** pürieren, über die Kartoffeln geben und diese mit Zahnstochern servieren.

Tipp
In Spanien werden viele Gerichte mit fertiger „tomate frito" (Tomatensauce) zubereitet. Diese lässt sich einfach im Thermomix herstellen: Eine kleine Zwiebel (40 g) im Thermomix **3 Sek./Stufe 5** zerkleinern, 1 EL Olivenöl und 1 Prise Salz zugeben und **2 Min./100°/Stufe 1** dünsten. 250 g stückige Tomaten (aus der Dose) zugeben, **8 Min./100°/Stufe 1** garen und in ein Schraubglas geben.

Zahnstocher

Variante
Dampfgaren Sie die Kartoffeln mit der Schale und pellen Sie sie, wenn sie kalt sind. Schneiden Sie sie anschließend in mundgerechte Stücke. In Spanien ist es üblich, die abgekühlten Kartoffeln in heißem Olivenöl knusprig zu braten, bevor sie mit der Sauce serviert werden.

Kartoffelwürfel in würziger Tomatensauce gehören zu den klassischen Tapas.
„Tapas" sind typisch spanische Appetitanreger, die zu Getränken wie Wein, Bier und Sherry serviert werden. Sie finden sie überall in Spanien in Bars, Restaurants und daheim. Tapas können sehr vielfältig sein; meist bestehen sie aus Fleisch, Fisch, Gemüse oder einer Mischung hieraus.

Vorspeisen und Suppen

6 Venusmuscheln in Weißweinsauce (Tapas)

Gesamtzeit: 1 Std. 10 Min.
Arbeitszeit: 20 Min.

6 Portionen

mittel

pro Portion: Eiweiß 3 g;
Kohlenhydrate 5 g; Fett 12 g
kJ 633; kcal 151

Zutaten

750 g Venusmuscheln, klein
70 g natives Olivenöl
100 g Zwiebeln, halbiert
30 g Knoblauchzehen
1 EL Paniermehl
100 g Weißwein
100 g Wasser
50 g Zitronensaft
½ TL Salz
5 Stängel Petersilie, gehackt

Zubereitung

1. Venusmuscheln für mindestens 30 Minuten in kaltes Salzwasser legen, um den Sand aus den Muscheln auszuspülen. Muscheln aus dem Wasser nehmen, gut abbürsten, in den Gareinsatz legen und zur Seite stellen.
2. Olivenöl, Zwiebeln und Knoblauch in den Mixtopf geben und **7 Min./Varoma/Stufe 3–4** dünsten.
3. Paniermehl, Weißwein, Wasser, Zitronensaft und Salz zugeben, Gareinsatz mit den Muscheln einsetzen, mit Petersilie bestreuen und **15 Min./Varoma/Stufe 2** garen. Falls sich noch nicht alle Muscheln geöffnet haben, die Garzeit um 2 Minuten verlängern.
4. Venusmuscheln in eine Servierschüssel füllen, Sauce aus dem Mixtopf darübergeben und sofort servieren.

Tipps
- Garnieren Sie mit etwas gehackter Petersilie.
- Verwenden Sie den Varoma, wenn Sie die Muschelmenge erhöhen möchten. Stellen Sie sicher, dass die Muscheln genug Platz haben, sich zu öffnen.
- Wenn Sie geputzte Muscheln kaufen, entfällt der 1. Schritt.
- Um sicherzugehen, dass die frischen Muscheln in Ordnung sind, tippen Sie vorsichtig mit jeder offenen Muschel auf die Arbeitsfläche. Werfen Sie die Muscheln weg, die sich dann nicht innerhalb weniger Minuten schließen, oder die beschädigte Schalen haben. Muscheln, die nach dem Kochen noch geschlossen sind, müssen ebenfalls weggeworfen werden.

Vorspeisen und Suppen

7 Kleine Krabben-Omelettes (Tapas)

Gesamtzeit: 1 Std.
Arbeitszeit: 30 Min.

30 Stück

mittel

pro Stück: Eiweiß 2 g;
Kohlenhydrate 4 g; Fett 2 g
kJ 160; kcal 38

Zutaten

- 100 g Kichererbsen, getrocknet
- 100 g Frühlingszwiebeln, nur die weißen Teile
- 5 Stängel Petersilie, abgezupft
- 320 g Wasser
- 100 g Weizenmehl
- ½ TL Backpulver
- ½ TL Salz
- 130 g Krabben, klein, geschält
- Olivenöl zum Braten

Zubereitung

1. Kichererbsen in den Mixtopf geben, **1 Min./Stufe 10** pulverisieren und umfüllen.
2. Frühlingszwiebeln und Petersilie in den Mixtopf geben und **5 Sek./Stufe 5** zerkleinern.
3. Wasser, Weizenmehl, Backpulver, Salz und Kichererbsenmehl zugeben, **15 Sek./Stufe 4** vermischen und in eine Schüssel umfüllen. Krabben zugeben, mit dem Spatel gut vermischen und Mischung 30 Minuten quellen lassen.
4. Olivenöl (ca. 1 cm hoch) in eine heiße Pfanne geben. Wenn das Fett heiß ist, Omeletteteig nach und nach mit einem Esslöffel ins heiße Fett geben und mit dem Löffel flach und rund formen (Ø 6 cm). Die kleinen Omelettes von jeder Seite goldgelb und knusprig braten. Omelettes auf Küchenkrepp legen, damit das Öl abtropft, und heiß servieren.

Tipps
- Geben Sie acht, dass die Omelettes in der Pfanne nicht aneinander kleben bleiben.
- Sollten Sie Garnelen anstelle von kleinen Krabben verwenden, schneiden Sie sie in kleine, etwa 1–2 cm große Stücke.

Pfanne

Vorspeisen und Suppen

8 Käsesoufflé

Gesamtzeit: 43 Min.
Arbeitszeit: 8 Min.

6 Portionen

mittel

pro Portion: Eiweiß 15 g;
Kohlenhydrate 11 g; Fett 27 g
kJ 1456; kcal 349

Zutaten

150 g Gruyère-Käse, in Stücken
4 Eier
60 g Mehl und etwas mehr
300 g Milch
50 g Butter und etwas mehr
1 Prise Muskat
1 TL Salz
1 Prise Pfeffer
100 g Sahne, mind. 30 % Fett

Zubereitung

1. Backofen auf 180 °C vorheizen.
2. Gruyère in den Mixtopf geben, **10 Sek./Stufe 7** zerkleinern und umfüllen.
3. Eier, Mehl, Milch, Butter, Muskat, Salz und Pfeffer in den Mixtopf geben und **3 Min./90°/Stufe 3** erhitzen.
4. Geriebenen Gruyère und Sahne zugeben und **10 Sek./Stufe 6** vermischen. Käsemischung in 6 gefettete, leicht bemehlte Souffléförmchen geben, im auf 180 °C vorgeheizten Backofen 30–35 Minuten backen und sofort servieren.

Tipp
Reichen Sie einen kleinen, grünen oder gemischten Salat dazu.

6 Keramik-Souffléförmchen

Varianten
- Bereiten Sie das Soufflé mit einem Käse Ihrer Wahl zu. Es eignen sich zum Beispiel auch Parmesan oder Blue Stilton, ein englischer Blauschimmelkäse.
- Geben Sie frische Kräuter oder Gewürze dazu. Leckere Kombinationen sind zum Beispiel Gruyère mit Rosmarin, Feta mit Oregano oder Gouda mit Kümmel. Seien Sie kreativ und finden Sie Ihre Lieblingskombination.

Vorspeisen und Suppen

9 Vegetarische „Würstchen" im Schlafrock

Zutaten

1 Zwiebel, halbiert
2 EL gemischte Kräuter, frisch (z. B. Petersilie, Dill, Thymian)
100 g Walnüsse, halbiert
3 Eier
150 g Feta
1 EL Sojasauce
45 g Paniermehl
95 g Haferflocken
500 g Blätterteig, rechteckig, aus der Kühltheke
1 Ei, verquirlt
Sesamkörner (nach Wunsch)

Gesamtzeit: 46 Min.
Arbeitszeit: 25 Min.
30 Stück
mittel
pro Stück: Eiweiß 4 g; Kohlenhydrate 10 g; Fett 9 g
kJ 550; kcal 131

Zubereitung

1. Backofen auf 200 °C vorheizen.
2. Zwiebel, frische Kräuter und Nüsse in den Mixtopf geben, **5 Sek./Stufe 6** zerkleinern und mit dem Spatel nach unten schieben.
3. Eier, Feta, Sojasauce, Paniermehl und Haferflocken zugeben und **20 Sek./Stufe 5** verrühren.
4. Falls nötig, den Blätterteig auf einer nicht haftenden Unterlage 3 mm dick zu einem Rechteck (10 cm breit) ausrollen. Entlang der Längsseite den Blätterteig halb mit Füllung belegen, die gegenüberliegende Seite mit verquirltem Ei bepinseln, von der Füllungsseite her aufrollen und eine Rolle formen. Mit der Naht nach unten drehen, in 5 cm lange Röllchen schneiden und auf ein mit Backpapier belegtes Backblech legen. Diesen Vorgang mit der restlichen Füllung und dem restlichen Blätterteig wiederholen, mit verquirltem Ei bestreichen, Oberfläche mit einem Messer einritzen, mit Sesam bestreuen und im auf 200 °C vorgeheizten Backofen 20 Minuten goldgelb und knusprig backen. Warm oder kalt servieren.

Tipps
- Servieren Sie die vegetarischen „Würstchen" im Schlafrock mit Tomatensauce oder einem Dip Ihrer Wahl.
- Machen Sie das Paniermehl im Thermomix selbst.
- Wenn Sie gefrorenen Blätterteig nehmen, lassen Sie ihn vorher auftauen.

Backblech, Backpapier

In Australien als Fingerfood auf Partys sehr beliebt.

Vorspeisen und Suppen

10 Auberginensalat Zaalouk

Gesamtzeit: 54 Min.
Arbeitszeit: 8 Min.
6 Portionen
mittel
pro Portion: Eiweiß 3 g; Kohlenhydrate 7 g; Fett 7 g
kJ 439; kcal 104

Zutaten

- 750 g Auberginen
- 1 EL Salz
- 20 g Zitronensaft
- 50 g Zwiebeln
- 2–3 Knoblauchzehen
- 350 g Tomaten
- 1 TL Pfeffer
- 1 TL Kreuzkümmel, gemahlen
- 1 TL Paprika edelsüß
- 2 Prisen Safran (nach Wunsch)
- 40 g Olivenöl
- 40 g Tomatenmark
- 2 Stängel Petersilie, gehackt
- 2 Stängel Koriander, gehackt

Zubereitung

1. Auberginen der Länge nach vierteln und diese in 1 cm dicke Scheiben schneiden. Auberginenstücke, Salz und Zitronensaft in eine Schüssel geben, gut mischen und zum Abtropfen für 30 Minuten in den Gareinsatz geben. Auberginen gut ausdrücken, damit die restliche Flüssigkeit abtropft.
2. Zwiebeln und Knoblauch in den Mixtopf geben und **5 Sek./Stufe 5** zerkleinern.
3. Tomaten zugeben und **3 Sek./Stufe 6** zerkleinern.
4. Auberginen, Gewürze, Olivenöl und Tomatenmark zugeben und **15 Min./Varoma/Stufe 2** ohne Messbecher garen und dabei den Gareinsatz als Spritzschutz auf den Mixtopfdeckel stellen.
5. Petersilie und Koriander zugeben, **30 Sek./Stufe 2** vermischen, umfüllen und vor dem Servieren abkühlen lassen.

Tipps

- Servieren Sie diesen marokkanischen Auberginensalat als Vorspeise in kleinen Schüsselchen mit Brot.
- Die Konsistenz ist recht homogen mit kleinen Stückchen.

Vorspeisen und Suppen

11 Gazpacho „Andalusia"

Gesamtzeit: 18 Min.
Arbeitszeit: 15 Min.

6 Portionen

einfach

pro Portion: Eiweiß 2 g;
Kohlenhydrate 6 g; Fett 9 g
kJ 466; kcal 111

Zutaten

1000 g Tomaten, vollreif und rot
1 Knoblauchzehe
80 g grüne Paprika
40 g Zwiebeln
100 g Salatgurken, teilweise geschält
30 g Essig nach Geschmack
Salz nach Geschmack
50 g natives Olivenöl
100 g Eiswürfel oder
200 g kaltes Wasser

Zubereitung

1. Alle Zutaten – bis auf Olivenöl und Eiswürfel oder Wasser – in den Mixtopf geben, **30 Sek./Stufe 5** zerkleinern und **2 Min./Stufe 10** pürieren.
2. Olivenöl zugeben und **1 Sek./⊃/Turbo** drücken.
3. Eiswürfel oder Wasser zugeben. Suppe kalt in einer Schüssel servieren.

Tipp
Servieren Sie die Suppe mit zusätzlich fein gehackten Tomaten, Gurken, Zwiebeln und/oder Paprika. Toppen Sie die Suppe mit Brotwürfeln.

Varianten
- Wenn Sie die Suppe flüssiger lieben, geben Sie mehr Eiswürfel oder mehr kaltes Wasser zu.
- Wenn Sie eine andere Konsistenz ausprobieren möchten, emulgieren Sie die Suppe, indem Sie das Öl gleich im 1. Schritt zusammen mit dem Gemüse zugeben. Die Suppe bekommt dann eine leuchtende Farbe.
- Soll die Suppe etwas dicker sein, geben Sie 150 g altbackenes Brot vom Vortag beim 1. Schritt dazu.

Vorspeisen und Suppen

Kalte Rote-Bete-Suppe

Zutaten

100 g Rote Bete, gekocht, geschält
100 g Radieschen
400 g Salatgurken, geschält
8 Stängel Petersilie, abgezupft
5 Stängel Dill, frisch
200 g Naturjoghurt
200 g Saure Sahne
1½ TL Salz
Pfeffer nach Geschmack
1 TL Zucker
20 g Essig

Gesamtzeit: 11 Min.
Arbeitszeit: 10 Min.

6 Portionen

einfach

pro Portion: Eiweiß 3 g;
Kohlenhydrate 7 g; Fett 5 g
kJ 355; kcal 85

Zubereitung

1. Alle Zutaten in den Mixtopf geben, **15 Sek./Stufe 5** zerkleinern, **30 Sek./Stufe 10** pürieren und kalt servieren.

Eier kochen

Gesamtzeit: 20 Min.
Arbeitszeit: 2 Min.

4 Stück

einfach

Zutaten

500 g Wasser
4 Eier

Tipp
Geben Sie bis zu 8 Eier (Größe M) in den Gareinsatz. Wenn Sie mehr gekochte Eier benötigen, legen Sie sie in den Varoma und verlängern Sie die Garzeit.

Zubereitung

1. Wasser in den Mixtopf geben, Gareinsatz einhängen, 4 Eier hineingeben, Messbecher einsetzen und **Zeit entsprechend der angefügten Liste/ Varoma/Stufe 1** garen.
   Die Garzeit richtet sich danach, wie hart Sie Ihre Eier wünschen:
   11 Minuten sehr weiches Ei (Eigelb flüssig, Eiweiß glibberig)
   12 Minuten weiches Ei (Eigelb flüssig, Eiweiß fest)
   13 Minuten halbweiches Ei (Eigelb weich)
   14 Minuten festes Ei
   15 Minuten hart gekochtes Ei
2. Nehmen Sie den Gareinsatz sofort mit dem Spatel aus dem Mixtopf und stellen Sie ihn mit den Eiern in kaltes Wasser.

Tipps
- Servieren Sie die Suppe als Sauce zu Kartoffelpüree und/oder mit gekochten Eiern.
- Für eine Party servieren Sie die Suppe in kleinen Gläschen, geben 1 TL geschlagene Sahne darauf und reichen Toastbrot dazu.

Vorspeisen und Suppen

13 Minestrone

Zutaten

1 Zwiebel, halbiert (80 g)
120 g Porree, in Stücken
40 g natives Olivenöl
600 g Gemüse, gemischt, in Stücken (z. B. Kartoffel, Möhre, Zucchini, Staudensellerie, Tomate, Mangold, Bohnen, Kürbis)
1000 g Wasser
2 Würfel Gemüsebrühe
1 TL Salz
120 g Nudeln, Ditalini oder andere kleine Nudeln

Zum Servieren

natives Olivenöl nach Geschmack
Basilikum
Parmesan, gerieben, nach Geschmack

Gesamtzeit: 34 Min.
Arbeitszeit: 6 Min.

6 Portionen

einfach

pro Portion: Eiweiß 8 g; Kohlenhydrate 21 g; Fett 16 g kJ 1079; kcal 258

Zubereitung

1. Zwiebel und Porree in den Mixtopf geben und **5 Sek./Stufe 7** zerkleinern.
2. Öl zugeben und **3 Min./Varoma/Stufe 1** dünsten.
3. Gemüse zugeben und **6 Sek./Stufe 4** zerkleinern.
4. Wasser und Brühwürfel zugeben und **15 Min./100°/↺/Stufe 1** garen.
5. Salz und Nudeln zugeben und **Zeit je nach Packungsangabe/100°/↺/Stufe ↺** garen.
6. Servieren Sie die Suppe mit Olivenöl, Basilikum und geriebenem Parmesan.

ⓘ Tipp
Dieses Rezept eignet sich zur Verwertung von Gemüseresten.

Varianten
- Anstelle von Nudeln können Sie auch 60 g Reis in die Suppe geben. Beachten Sie dabei die Garzeit auf der Packung.
- Wenn Sie die Minestrone ohne Nudeln oder Reis bevorzugen, dann geben Sie im 4. Schritt nur 700 g Wasser dazu und verlängern Sie die Garzeit um 8 Minuten. Den 5. Schritt können Sie dann überspringen und die Suppe servieren.

Vorspeisen und Suppen

14 Rieslingsuppe

Gesamtzeit: 24 Min.
Arbeitszeit: 6 Min.

6 Portionen

einfach

pro Portion: Eiweiß 4 g;
Kohlenhydrate 8 g; Fett 15 g
kJ 874; kcal 209

Zutaten

100 g Zwiebeln, halbiert
100 g Porree, in Stücken
100 g Kartoffeln, in Stücken
20 g Butter
200 g Wasser
1 Würfel Hühnerbrühe
200 g Weißwein, trocken, Riesling
330 g Milch
200 g Sahne
Salz nach Geschmack

Zubereitung

1. Zwiebeln, Porree und Kartoffeln in den Mixtopf geben und **5 Sek./Stufe 5** zerkleinern.
2. Butter zugeben und **4 Min./Varoma/Stufe 3** dünsten.
3. Wasser, Brühwürfel und Weißwein zugeben und **11 Min./100°/Stufe 2** kochen.
4. **20 Sek./Stufe 10** pürieren.
5. Milch und Sahne zugeben und **2 Min./100°/Stufe 3** erhitzen. Nach Geschmack salzen und heiß servieren.

Tipp
Dekorieren Sie die Suppe mit einem Esslöffel Schlagsahne oder Crème fraîche und etwas Schnittlauch.

Variante
Vegetarier verwenden Gemüsebrühe anstelle der Hühnerbrühe.

Vorspeisen und Suppen

15 Zwiebelsuppe

Gesamtzeit: 39 Min.
Arbeitszeit: 12 Min.

6 Portionen

mittel

pro Portion: Eiweiß 9 g;
Kohlenhydrate 27 g; Fett 8 g
kJ 999; kcal 239

Zutaten

- 80 g Gruyère-Käse, in Stücken
- 20 g Butter oder 2 EL Entenschmalz
- 500 g Zwiebeln, geschält, halbiert
- 20 g Mehl
- 200 g Weißwein
- 800 g Wasser
- 1 Würfel Hühnerbrühe
- ½ TL Salz
- 2 Prisen Pfeffer
- 12 Scheiben Baguette, trocken

Zubereitung

1. Gruyère in den Mixtopf geben, **6 Sek./Stufe 7** zerkleinern und umfüllen.
2. Butter in den Mixtopf geben und **1 Min./90°/Stufe 1** erhitzen.
3. Zwiebeln zugeben, **6 Sek./Stufe 4** zerkleinern und **5 Min./100°/Stufe 1** dünsten.
4. Mehl zugeben und **10 Sek./↺/Stufe 3** vermischen.
5. Weißwein, Wasser und Brühwürfel zugeben und **20 Min./100°/↺/Stufe 1** garen. Backofen-Grill auf 210 °C vorheizen.
6. Salz und Pfeffer zugeben, **20 Sek./↺/Stufe 1** vermischen und in hitzebeständige Suppentassen geben. Jeweils 2 Brotscheiben auf die Suppe legen, mit dem geriebenen Gruyère bestreuen und in den Backofen geben, bis der Käse geschmolzen und leicht gebräunt ist. Sofort servieren.

6 hitzebeständige Suppentassen

Vorspeisen und Suppen

16 Badische Kartoffelsuppe

Gesamtzeit: 45 Min.
Arbeitszeit: 20 Min.

6 Portionen

mittel

pro Portion: Eiweiß 4 g;
Kohlenhydrate 16 g; Fett 3 g
kJ 462; kcal 110

Zutaten

100 g Zwiebeln
50 g Speckwürfel, durchwachsen
1 Scheibe Bauernbrot, gewürfelt
100 g Sellerie, in Stücken
100 g Möhren, in Stücken
400 g Kartoffeln, in Stücken
100 g Porree, in Ringen
1000 g Wasser
1 Würfel Gemüsebrühe
2 EL Petersilie, gehackt
2 Prisen Muskat
1 TL Salz
¼ TL Pfeffer

Zubereitung

1. Zwiebeln in den Mixtopf geben und **3 Sek./Stufe 5** zerkleinern.
2. Speckwürfel zugeben und **3 Min./Varoma/⟲/Stufe 1** dünsten.
3. Brotwürfel zugeben, **2 Min./Varoma/⟲/Stufe 1** ohne Messbecher dünsten und umfüllen.
4. Sellerie, Möhren und Kartoffeln in den Mixtopf geben und **4 Sek./Stufe 5** zerkleinern.
5. Porree, Wasser und Gemüsebrühe zugeben und **18 Min./100°/⟲/Stufe 1** garen.
6. Zwiebel-Speck-Brot-Mischung, Petersilie und Gewürze zugeben, **15 Sek./⟲/Stufe 3** vermischen und heiß servieren.

Tipps
- Für eine cremige Kartoffelsuppe pürieren Sie **15 Sek./Stufe 8** zwischen dem 5. und dem 6. Schritt.
- Wenn Sie ganz magere Schinkenwürfel nehmen, geben Sie im 2. Schritt 25 g Butter dazu.

Vorspeisen und Suppen

17 Kürbissuppe mit Meeresfrüchten

Zutaten

30 g Zwiebeln
30 g Butter
400 g Kürbisfleisch, in Stücken
100 g Kartoffeln, geschält, in Stücken
500 g Wasser
1 TL Salz
1 Prise Pfeffer
6 Garnelen, mittelgroß, ohne Schale
150 g Sahne
3 TL Kaviar zum Garnieren (nach Wunsch)
3 Stängel Koriander, gehackt
2 TL Schnittlauch, in Röllchen

Gesamtzeit: 34 Min.
Arbeitszeit: 10 Min.
6 Portionen
einfach
pro Portion: Eiweiß 7 g; Kohlenhydrate 7 g; Fett 13 g kJ 743; kcal 178

Zubereitung

1. Zwiebel in den Mixtopf geben und **3 Sek./Stufe 5** zerkleinern.
2. Butter zugeben und **3 Min./Varoma/Stufe 1** andünsten.
3. Kürbis, Kartoffeln und Wasser zugeben und **15 Min./100°/Stufe 2** garen.
4. Dann **1 Min./Stufe 10** pürieren.
5. Salz, Pfeffer, Garnelen und Sahne zugeben und **4 Min./100°/↺/Stufe 2** kochen. Suppe in Suppenteller gießen und darauf achten, dass auf jeden Teller eine Garnele kommt. Die Garnelen jeweils mit ½ TL Kaviar toppen und Suppe mit Koriander und Schnittlauch bestreut servieren.

Tipps
- Folgende Kürbissorten eignen sich besonders gut zur Zubereitung von Suppen: Golden Nugget, Muskatkürbis, Gelber Zentner.
- Die Kochzeit können Sie um 3 Minuten verkürzen, wenn Sie im 3. Arbeitsschritt heißes Wasser zugeben.

Diese Suppe ist in Taiwan sehr beliebt und wird dort in Restaurants gern mit einen Garnelenkopf als Dekoration serviert.

Vorspeisen und Suppen

18 Linsensuppe

Zutaten

250 g Linsen
1100 g Wasser
120 g Zwiebeln, halbiert
200 g Schinkenwürfel
100 g Sellerie, in Stücken
100 g Möhren, in Stücken
200 g Kartoffeln, in kleinen Würfeln
100 g Porree, in Ringen
2 Würfel Fleisch- oder Gemüsebrühe oder selbst gemachte Paste
30 g Essig
2 Brühwürstchen (100–120 g), in Scheiben
½ TL Salz
2 Prisen Pfeffer

Gesamtzeit: 40 Min.
Arbeitszeit: 15 Min.

6 Portionen

einfach

pro Portion: Eiweiß 22 g; Kohlenhydrate 28 g; Fett 19 g
kJ 1595; kcal 381

Zubereitung

1. Linsen und 700 g Wasser in eine Schüssel geben und über 6–8 Stunden einweichen.
2. Zwiebeln in den Mixtopf geben und **3 Sek./Stufe 5** zerkleinern.
3. Schinken zugeben und **3 Min./Varoma/Stufe 1** dünsten.
4. Sellerie und Möhren zugeben und **5 Sek./Stufe 5** zerkleinern.
5. Linsen mit Einweichwasser, Kartoffeln, Porree, 400 g Wasser und Brühwürfel zugeben und **25 Min./100°/↺/Stufe 1** garen.
6. Essig und Brühwürstchen zugeben und **4 Min./100°/↺/Stufe 1** weitergaren.
7. Mit Salz und Pfeffer abschmecken und servieren.

Tipps
- Wenn die Suppe beim Kochen in den Deckel hoch kocht, Temperatur auf 90°C reduzieren.
- Wenn Sie magere Schinkenwürfel verwenden, geben Sie 20 g Öl im 2. Schritt dazu.
- Bestreuen Sie die Suppe mit etwas Bohnenkraut oder Oregano.

Varianten
- Eine **Erbsensuppe** bereiten Sie auf die gleiche Art zu. Ersetzen Sie dann die Linsen durch eingeweichte grüne oder gelbe Schälerbsen. Geben Sie dann bei Schritt 5 zusätzlich 100 g Wasser zu. Je nach Erbsensorte kann sich die Garzeit verlängern. Achten Sie auf die Packungsangaben und machen Sie eine Garprobe.
- Wenn Sie mehr Fleischeinlage wünschen, dann geben Sie mehr Brühwürstchen (z. B. Frankfurter) oder Kabanossi in den Varoma. Setzen Sie in Schritt 5 den Varoma während des Garens auf den Mixtopf. Die Würstchen werden dort bei 100°C (nicht Varoma!) gleichzeitig erwärmt. Servieren Sie sie mit der Suppe.

Vorspeisen und Suppen

19 Winterliche Gemüsesuppe

Gesamtzeit: 40 Min.
Arbeitszeit: 10 Min.

8 Portionen

einfach

pro Portion: Eiweiß 9 g;
Kohlenhydrate 15 g; Fett 8 g
kJ 407; kcal 168

Zutaten

100 g Porree, in Stücken
1 Zwiebel, halbiert
70 g Schinkenspeck, in Scheiben
40 g Olivenöl
200 g Wirsing, in dünnen Streifen
1 Dose Kidneybohnen, abgetropft
(Abtropfgew. 540 g)
300 g Möhren, in Stücken
100 g weiße Rüben, in Stücken
1 Würfel Fleischbrühe
700 g Wasser

Zubereitung

1. Porree und Zwiebel in den Mixtopf geben und **3 Sek./Stufe 5** zerkleinern.
2. Schinkenspeck und Olivenöl zugeben und **5 Min./Varoma/Stufe 1** dünsten. Währenddessen Wirsing und die Hälfte der Kidneybohnen in den Varoma geben und zur Seite stellen.
3. Möhren, weiße Rüben, Brühwürfel, Wasser und die restlichen Kidneybohnen in den Mixtopf geben. Varoma aufsetzen und **25 Min./Varoma/Stufe 1** garen.
4. Varoma zur Seite stellen, Messbecher einsetzen, erst **20 Sek./Stufe 6** und dann weitere **40 Sek./Stufe 10** pürieren. Suppe in eine Suppenschüssel umfüllen, Wirsing und Kidneybohnen dazugeben und vorsichtig unterheben. Heiß servieren.

Tipp
Wenn Sie die Suppe gern flüssiger haben, geben Sie heißes Wasser in die Suppenschüssel zu.

Vorspeisen und Suppen

20 Marokkanische Suppe „Harira"

Zutaten

100 g Kichererbsen, getrocknet, geschält
1350 g Wasser
20 g Mehl
30 g Tomatenmark
350 g Tomaten, halbiert
80 g Zwiebel, halbiert
1 Knoblauchzehe
4 Stängel Koriander, abgezupft
4 Stängel Petersilie, abgezupft
100 g Stangensellerie, in Stücken
300 g Fleisch (Lamm oder Rind), gewürfelt (1 x 1 cm)
1 EL Salz
2 TL Ras el Hanout (Gewürz, siehe Tipp)
100 g Linsen
1 EL Zitronensaft

Gesamtzeit: 7 Std.
Arbeitszeit: 15 Min.

6 Portionen

mittel

pro Portion: Eiweiß 18 g;
Kohlenhydrate 23 g; Fett 5 g
kJ 910; kcal 217

Zubereitung

1. Kichererbsen und 500 g Wasser in eine Schüssel geben und 6–8 Stunden einweichen lassen.
2. 200 g Wasser, Mehl und Tomatenmark in den Mixtopf geben, **10 Sek./Stufe 5** vermischen und umfüllen.
3. Tomaten, Zwiebeln, Knoblauch, Koriander, Petersilie und Stangensellerie in den Mixtopf geben und **7 Sek./Stufe 7** zerkleinern.
4. Fleisch, abgetropfte Kichererbsen, Gewürze und 650 g Wasser zugeben, **20 Min./100°/⟲/Stufe ↺** garen.
5. Linsen zugeben und **15 Min./100°/⟲/Stufe ↺** garen.
6. Mehl-Tomaten-Mischung zugeben, **15 Sek./⟲/Stufe 1** verrühren und **10 Min./100°/⟲/Stufe ↺** garen.
7. Zitronensaft zugeben, in eine Suppenterrine umfüllen und heiß servieren.

ⓘ Tipp

Ras el Hanout ist eine im Mittleren Osten und in Nordafrika sehr bekannte Kräuter-Gewürz-Mischung mit zum Teil mehr als einem Dutzend verschiedener Zutaten. Als Alternative zu Ras el Hanout können Sie dieses Rezept auch mit je ¼ TL Pfeffer und gemahlenem Ingwer, je ½ TL Zimt und Paprika rosenscharf und 1 TL Kurkuma selbst herstellen.

Traditionell wird Harira in einer bauchigen Terrine serviert und aus kleinen Tonschälchen gegessen. Datteln und Honigkuchen werden dazu gereicht.

Vorspeisen und Suppen

21 Borschtsch

Gesamtzeit: 50 Min.
Arbeitszeit: 15 Min.

6 Portionen

einfach

pro Portion: Eiweiß 2 g;
Kohlenhydrate 12 g; Fett 7 g
kJ 505; kcal 121

Zutaten

3–5 Stängel Petersilie, abgezupft
200 g Tomaten
100 g Zwiebeln, halbiert
100 g Möhren, in Stücken
200 g Rote Bete, in mundgerechten Stücken
40 g Öl
150 g Kartoffeln, in mundgerechten Stücken
100 g rote Paprika, in mundgerechten Stücken
200 g Weißkohl, in Streifen
1000 g Wasser
2 TL Salz
½ TL Pfeffer

Zubereitung

1. Petersilie in den Mixtopf geben und **3 Sek./Stufe 7** zerkleinern.
2. Tomaten zugeben, **10 Sek./Stufe 4** zerkleinern und umfüllen.
3. Zwiebeln und Möhren in den Mixtopf geben und **5 Sek./Stufe 5** zerkleinern.
4. Rote Bete und Öl zugeben und **5 Min./Varoma/⟲/Stufe 1–2** dünsten.
5. Kartoffeln, Paprika, Weißkohl und Wasser zugeben und **17 Min./100°/⟲/Stufe 1** garen.
6. Tomaten-Petersilien-Mischung, Salz und Pfeffer zugeben und **5 Min./100°/⟲/Stufe 1** garen. Suppe 10 Minuten ziehen lassen und dann in Suppentassen servieren.

Tipp
Toppen Sie die Suppe mit etwas saurer Sahne.

Diese Suppe gehört zu den typischen Spezialitäten in vielen osteuropäischen Ländern. Für Borschtsch existieren daher viele Rezepte mit unterschiedlichen Mengen und Kombinationen von Gemüsesorten, z. B. mit mehr Rote Bete oder auch ohne Tomaten.

Vorspeisen und Suppen

Hauptgerichte

Eine ausgewogene Auswahl für jeden Geschmack. Gerichte mit Fleisch, Fisch oder vegetarische Gerichte, aber immer individuell. Freuen Sie sich auf so abwechslungsreiche Speisen wie Lasagne al forno, Hähnchen-Paprika-Topf, ungarischen Gulasch, Oktopus-Reis oder ein spanisches Kartoffel-Omelette.

#	Gericht	Land	Seite
1	Schweinelendchen mit Trockenpflaumen gefüllt	Polen	Seite 98
2	Königsberger Klopse	Deutschland	Seite 100
3	Gefüllte Wirsingrollen mit Tomatensauce	Polen	Seite 102
4	Spaghetti Carbonara	Italien	Seite 104
5	Lasagne al forno	Italien	Seite 106
6	Burrito	Mexiko	Seite 109
7	Hähnchen „San Fernando"	Mexiko	Seite 112
8	Hähnchen-Paprika-Topf	Spanien	Seite 114
9	Rotes Thai-Curry mit Huhn	Thailand	Seite 116
10	Rindfleischsuppe	Taiwan	Seite 118
11	Koreanische Nudeln Japchae	Südkorea	Seite 120
12	Ungarischer Gulasch	Ungarn	Seite 122

13 *Couscous mit Lamm-Gemüse-Ragout*

Seite 124

14 *Quiche Lorraine*

Seite 126

15 *Calzone*

Seite 128

16 *Kabeljau mit Zitrusbutter*

Seite 130

17 *Hecht auf galicische Art*

Seite 132

18 *Fischtopf*

Seite 134

Hauptgerichte

19 *Thunfisch mit Kartoffelragout*

🇪🇸 Seite 136

20 *Oktopus-Reis*

🇵🇹 Seite 138

21 *Jakobsmuscheln mit Porree*

🇫🇷 Seite 140

22 *Fischragout mit Kokosmilch*

🇧🇷 Seite 142

23 *Indisches Gemüse-Curry*

🇮🇳 Seite 144

24 *Risotto mit Safran*

🇮🇹 Seite 146

25 *Gemüse mit Reis und süß-saurer Sauce*

Seite 148

26 *Reibekuchen mit Apfelmus*

Seite 150

27 *Spanisches Kartoffel-Omelette*

Seite 152

28 *Pizza Margherita oder Pizza Capricciosa*

Seite 154

29 *Bandnudeln mit gedünsteten Steinpilzen*

Seite 156

30 *Klößchen mit süßen Bröseln*

Seite 158

Hauptgerichte

1 Schweinelendchen mit Trockenpflaumen gefüllt

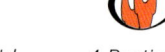

Gesamtzeit: 1 Std.
Arbeitszeit: 15 Min.

4 Portionen

mittel

pro Portion: Eiweiß 33 g;
Kohlenhydrate 54 g; Fett 3 g
kJ 1629; kcal 389

Zutaten

- 500 g Schweinelende
- 230 g getrocknete Pflaumen, entsteint
- Salz
- Pfeffer
- 130 g Zwiebeln, halbiert
- 2 Knoblauchzehen
- 1 Würfel Hühnerbrühe
- 2 TL Tomatenmark
- 600 g Wasser
- 500 g Kartoffeln, geschält, in Stücken

Zubereitung

1. Mit einem langen, scharfen Messer der Länge nach ein Loch (Ø 4 cm) in die Mitte des Schweinelendchens schneiden. Das Lendchen mit 200 g Trockenpflaumen füllen, mit Salz und Pfeffer würzen, in Frischhaltefolie wickeln und in den Varoma legen.
2. Zwiebeln, Knoblauch, Brühwürfel, 30 g getrocknete Pflaumen und Tomatenmark in den Mixtopf geben und **5 Sek./Stufe 5** zerkleinern.
3. Wasser zugeben, Gareinsatz einsetzen, Kartoffeln einwiegen, Varoma aufsetzen und **45 Min./Varoma/Stufe 1** garen. Varoma und Gareinsatz zur Seite stellen. Sauce nach Geschmack würzen, Schweinelendchen vorsichtig auswickeln und in 8 Scheiben schneiden. Mit Kartoffeln und Sauce servieren.

Tipp
Bitten Sie Ihren Metzger, das Loch in das Lendchen zu schneiden.

Langes scharfes Messer, hitzebeständige Frischhaltefolie

Hauptgerichte mit Fleisch

2 Königsberger Klopse

Zutaten

40 g Brötchen, altbacken, in Stücken
100 g Zwiebeln
1 Ei
1 TL Salz
¼ TL Pfeffer
400 g Hackfleisch, gemischt
800 g Wasser
1 Würfel Fleischbrühe
700 g Kartoffeln, in Stücken

Kapernsauce
200 g Sahne
1 TL Zitronensaft
50 g Mehl
1 TL Salz
¼ TL Pfeffer
60 g Kapern, abgetropft

Gesamtzeit: 46 Min.
Arbeitszeit: 10 Min.
4 Portionen
einfach
pro Portion: Eiweiß 28 g; Kohlenhydrate 44 g; Fett 34 g
kJ 2515; kcal 600

Zubereitung

1. Brötchen in den Mixtopf geben, **ca. 10 Sek./Stufe 7** zu Paniermehl zerkleinern und umfüllen.
2. Zwiebeln in den Mixtopf geben und **5 Sek./Stufe 5** zerkleinern.
3. Paniermehl, Ei, Salz, Pfeffer und Hackfleisch zugeben und **50 Sek./↺/Stufe 4** vermischen. Mit nassen Händen Klößchen (Ø 3–4 cm) formen und in den Varoma-Einlegeboden legen.
4. Wasser und Brühwürfel in den Mixtopf geben, Gareinsatz einhängen und Kartoffeln einwiegen, Varoma aufsetzen und **30 Min./Varoma/↺/Stufe 1** garen.
5. Varoma mit Fleischbällchen und Kartoffeln zur Seite stellen. Garflüssigkeit auffangen.

Kapernsauce

6. 500 g Garflüssigkeit – evtl. mit Wasser aufgefüllt – Sahne, Zitronensaft, Mehl, Salz und Pfeffer in den Mixtopf geben und **5 Min./100°/↺/Stufe 3** aufkochen.
7. Kapern zugeben und **10 Sek./↺/Stufe 2** unterrühren.
8. Füllen Sie die Klopse zusammen mit der Kapernsauce in eine Schüssel und servieren Sie die Kartoffeln als Beilage dazu.

ⓘ Tipp
Reichen Sie eingelegte Rote Bete dazu.

Hauptgerichte mit Fleisch

3 Gefüllte Wirsingrollen mit Tomatensauce

Gesamtzeit: 1 Std. 45 Min.
Arbeitszeit: 20 Min.
4 Portionen
mittel
pro Portion: Eiweiß 28 g; Kohlenhydrate 51 g; Fett 17 g kJ 1985; kcal 474

Zutaten

1600 g Wasser
200 g Reis
8 große Wirsingblätter
100 g Zwiebeln, halbiert
2 Knoblauchzehen
20 g Butter
100 g Schinkenspeck, in Stücken
250 g Hühnerbrustfilets, in Stücken
1 TL Salz
¼ TL Pfeffer

Tomatensauce
70 g Zwiebeln, halbiert
1 Knoblauchzehe
20 g Butter
50 g rote Paprika
500 g Tomaten, halbiert
1 Würfel Hühnerbrühe
1 EL Mehl

Zubereitung

1. 900 g Wasser in den Mixtopf geben, Gareinsatz einsetzen, Reis einwiegen und **12 Min./Varoma/Stufe 1** kochen.
2. Wirsingblätter in den Varoma legen, aufsetzen und **10 Min./Varoma/Stufe 1** blanchieren. Varoma abnehmen, Wirsingblätter kurz unter kaltem Wasser abspülen. Gareinsatz zur Seite stellen und Mixtopf leeren.
3. Zwiebeln und Knoblauch in den Mixtopf geben und **5 Sek./Stufe 5** zerkleinern.
4. Butter zugeben und **3 Min./Varoma/Stufe 1** dünsten.
5. Speck und Hühnerfleisch zugeben und **20 Sek./Stufe 6** zerkleinern.
6. Gekochten Reis, Salz und Pfeffer zugeben und **1 Min.**/⤴ mischen. Fleischmischung auf die 8 Wirsingblätter verteilen, zu kleinen Päckchen aufrollen und mit den überlappenden Enden nach unten in Varoma und Varoma-Einlegeboden verteilen.
7. 700 g Wasser in den Mixtopf geben, Varoma aufsetzen und **40 Min./Varoma/Stufe 1** garen. Varoma zur Seite stellen und Mixtopf leeren.

Tomatensauce

8. Zwiebeln und Knoblauch in den Mixtopf geben und **5 Sek./Stufe 5** zerkleinern.
9. Butter zugeben und **3 Min./Varoma/Stufe 1** dünsten.
10. Paprika und Tomaten zugeben und **30 Sek./Stufe 9** zerkleinern.
11. Brühwürfel und Mehl zugeben und **10 Min./100°/Stufe 2** garen. Varoma aufsetzen, um die Wirsingrollen warm zu halten.
12. Varoma zur Seite stellen und Messbecher einsetzen. Sauce **15 Sek./Stufe 6** pürieren und mit gefüllten Wirsingrollen servieren.

ⓘ Tipps
- Wenn die Wirsingblätter klein sind, einfach mehrere Blätter pro Rolle verwenden.
- Falls Füllung übrig bleibt, Klößchen daraus formen und zu den Wirsingrollen in den Varoma legen.

Hauptgerichte mit Fleisch

4 Spaghetti Carbonara

Gesamtzeit: 30 Min.
Arbeitszeit: 5 Min.

4 Portionen

einfach

pro Portion: Eiweiß 31 g;
Kohlenhydrate 62 g; Fett 31 g
kJ 2746; kcal 656

Zutaten

- 60 g Parmesan, in Stücken
- 30 g Pecorino
- 30 g Schalotten
- 150 g Schinkenwürfel
- 20 g natives Olivenöl
- 3 Eier
- 1 Eigelb
- ¾ TL Salz
- 2 Prisen Pfeffer
- 1200 g Wasser
- 350 g Spaghetti

Zubereitung

1. Parmesan und Pecorino in den Mixtopf geben, **10 Sek./Stufe 9** zerkleinern und umfüllen.
2. Schalotten in den Mixtopf geben und **3 Sek./Stufe 6** zerkleinern.
3. Schinken und Öl zugeben, **5 Min./Varoma/Stufe 1** dünsten und in eine große Schüssel umfüllen.
4. Eier, Eigelb, geriebenen Käse, ¼ TL Salz und Pfeffer in den Mixtopf geben, **15 Sek./Stufe 4** vermischen und in die Schüssel mit dem Schinken umfüllen. Mixtopf muss nicht gespült werden.
5. Wasser und ½ TL Salz in den Mixtopf geben und **10 Min./100°/Stufe 1** aufkochen.
6. Spaghetti durch die Deckelöffnung zugeben und **je nach Zeitangabe auf der Nudelpackung/100°/⟲/Stufe 1** garen.
Vorsichtig prüfen, ob die Spaghetti „al dente" sind, in den Varoma abgießen und in die Schüssel mit dem Schinken-Ei-Gemisch geben, gut vermischen, abschmecken und sofort servieren.

> **Tipp**
> Nudeln sind „al dente", wenn sie zwar weich gekocht sind, aber noch etwas Biss haben.

Hauptgerichte mit Fleisch

Hauptgerichte mit Fleisch

106

5 Lasagne al forno

Gesamtzeit: 2 Std.
Arbeitszeit: 40 Min.

6 Portionen

aufwändig

pro Portion: Eiweiß 54 g;
Kohlenhydrate 62 g; Fett 57 g
kJ 4130; kcal 986

Siehe nächste Seite

Zutaten

200 g Parmesan, in Stücken

Nudelteig
300 g Mehl
70 g Spinat, nur Blätter, trocken
2 Eier
10 g natives Olivenöl

Bolognese-Sauce
800 g Fleisch, (halb Schwein, halb Rind), gewürfelt (3 x 3 cm)
200 g Gemüse, gemischt (Stangensellerie, Möhren, Zwiebeln), in Stücken
60 g natives Olivenöl
100 g Weißwein, trocken
300 g passierte Tomaten
1–1½ TL Salz
½–1 TL Pfeffer

Zubereitung

1. Parmesan in den Mixtopf geben, **15 Sek./Stufe 10** zerkleinern und umfüllen.

Nudelteig

2. Mehl und Spinatblätter in den Mixtopf geben und **20 Sek./Stufe 9** zerkleinern.
3. Eier und Öl zugeben und **1 Min.**/🌀 kneten. Nudelteig in eine Schüssel umfüllen und 15 Minuten ruhen lassen.

Bolognese-Sauce

4. Fleisch in den Mixtopf geben, **10–15 Sek./Stufe 7** zerkleinern und umfüllen.
5. Gemüse in den Mixtopf geben und **5 Sek./Stufe 7** zerkleinern.
6. Öl zugeben und **5 Min./Varoma/Stufe 2** dünsten.
7. Gehacktes Fleisch zugeben und **8 Min./Varoma/↺/Stufe ↺** dünsten.
8. Wein zugeben und **5 Min./Varoma/↺/Stufe ↺** garen.
9. Passierte Tomaten, Salz und Pfeffer zugeben, **20 Min./100°/↺/Stufe ↺** garen und umfüllen.
10. Während die Sauce gart, den Teig auf bemehlter Arbeitsfläche mit dem Nudelholz oder der Nudelmaschine dünn ausrollen und in rechteckige Blätter (12 Blätter à 20 x 10 cm) schneiden.

5 Lasagne al forno

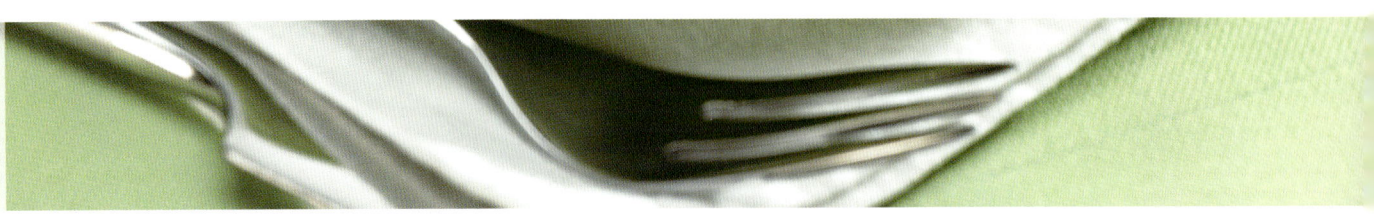

Siehe vorhergehende Seite

Zutaten

Béchamelsauce
1000 g Milch
80 g Butter, weich, und etwas mehr zum Toppen
120 g Mehl
½ TL Salz
1–2 Prisen Muskat

Zubereitung

Béchamelsauce

11. Alle Zutaten in den Mixtopf geben und **12 Min./100°/Stufe 3** garen.
12. Während der Garzeit die Nudelblätter in einem Topf mit kochendem Salzwasser 5 Minuten vorkochen, im Varoma abtropfen lassen und nebeneinander auf ein Küchentuch legen.

Lasagne-Zubereitung

13. Backofen auf 180 °C vorheizen.
14. Eine Auflaufform leicht fetten und den Boden mit einer dünnen Schicht Bolognese bedecken.
15. Darauf kommt eine Lage Nudelblätter, darauf eine Lage Bolognese, etwas Parmesan darüberstreuen und darüber Béchamelsauce geben. So fortfahren, bis alle Zutaten verbraucht sind. Die oberste Schicht besteht aus Béchamelsauce, bestreut mit Parmesan und einigen Butterflöckchen.
Lasagne im auf 180 °C vorgeheizten Backofen 20–30 Minuten garen, in Vierecke schneiden und heiß servieren.

Tipps
- Dieses Gericht ist bestens geeignet, wenn Gäste kommen, da es sich gut im Voraus vorbereiten lässt.
- Wenn es schnell gehen muss, kaufen Sie fertige Lasagneblätter ohne Vorkochen und fertiges Hackfleisch.
- Reste lassen sich gut einfrieren und später wieder aufwärmen.

Nudelholz, Auflaufform, Küchentuch

Variante
Anstelle von selbst gemachten Lasagneblättern können Sie auch trockene Lasagneblätter kaufen oder sie durch Crêpes ersetzen.

6 Burrito

Gesamtzeit: 1 Std. 15 Min.
Arbeitszeit: 1 Std.
16 Stück
aufwändig
pro Stück*: Eiweiß 16 g; Kohlenhydrate 25 g; Fett 22 g
kJ 1546; kcal 370

* mit Weizentortilla

Siehe nächste Seite

Hauptgerichte mit Fleisch

Zutaten

Weizen-Tortillas
500 g Weizenmehl
100 g Schmalz
2 TL Salz
250 g heißes Wasser

oder Mais-Tortillas
300 g Maismehl
1 TL Salz
400 g heißes Wasser

Füllungen und Beläge
Guacamole (1 Rezept)
Hähnchen „San Fernando"
(½ Rezept, ohne Reis)
200 g Tomaten
50 g Zwiebeln
2–3 Stängel Koriander, abgezupft
1 Chili Serrano oder ähnlich (nach Wunsch)
250 g Saure Sahne
200 g Käse (z. B. Cheddar), in Stücken

Zubereitung

Burritos sind typisch mexikanisch. Dabei werden Weizen- oder Maistortillas um eine Füllung gerollt oder gefaltet. Als Füllung eignen sich Fleisch, Fisch, Meeresfrüchte, Gemüse und Käse, ergänzt durch Saucen, saure Sahne, Bohnen, Tomaten, Weißkohl, Zwiebeln und frischen Koriander. Dadurch gibt es unzählige Variationsmöglichkeiten. Burritos werden üblicherweise als Fingerfood gegessen. So lange die Tortilla weich ist, kann man sie zusammenklappen.

Erstens: Tortilla-Teig vorbereiten

Weizen-Tortilla (16 Stück) oder Mais-Tortilla (16 Stück)

1. Alle Zutaten – bis auf das heiße Wasser – in den Mixtopf geben und **10 Sek./Stufe 7** mischen.
2. Heißes Wasser zugeben, **10 Sek./Stufe 7** vermischen und dann **1 Min./**⟳ kneten. Teig in eine Schüssel umfüllen, abdecken und ¼ bis 1 Stunde ruhen lassen.

Nudelholz, Frischhaltefolie, beschichtete Pfanne, Schaumlöffel

Burrito mit Mais-Tortillia:
Eiweiß 15 g; Kohlenhydrate 17 g; Fett 16 g; kJ 1153; kcal 276

6 Burrito

Siehe vorhergehende Seite

Zweitens: Füllung

Belag und Tortillas vorbereiten

3. Einmal die Guacamole (Rezept auf Seite 50) zubereiten. Dann den Mixtopf spülen und trocknen.
4. Die Hälfte des Hähnchens „San Fernando" (Rezept Seite 112, ohne Reis) zubereiten. Dazu halbieren Sie die Zutatenmengen und folgen der Zubereitung. Zerpflücktes Hähnchen mit der Sauce in einer Schüssel mischen.
5. Während die Sauce kocht, die Tortillas herstellen.
   Aus dem Teig 16 gleich große Bällchen formen, auf einer nicht klebenden oder bemehlten Arbeitsfläche (oder zwischen Frischhaltefolie) rund ausrollen (Ø ca. 15–18 cm) und nacheinander in einer beschichteten Pfanne backen. Damit die Tortillas flach bleiben, entstehende Blasen mit dem Pfannenheber oder einem Schaumlöffel flach klopfen. Aufeinanderlegen und bis zum Servieren im Backofen bei 80 °C warm halten.
6. Während die Tortillas backen, Tomaten, Zwiebeln, Koriander und Chili (nach Wunsch) in den Mixtopf geben, **3–5 Sek./Stufe 5** zerkleinern und in eine Schüssel umfüllen. Mixtopf spülen und trocknen.
   Saure Sahne in ein Schüsselchen geben.
7. Käse erst kurz vor dem Servieren zerkleinern und schmelzen: Käse in den Mixtopf geben, **6–10 Sek./Stufe 6** zerkleinern und **5 Min./90°/Stufe 1** schmelzen. In eine Schüssel umfüllen und servieren.

Drittens: Anrichten

8. Tortillas warm servieren (abdecken, damit sie warm bleiben) und die Füllungen und Beläge dazu reichen. Tortilla auf einen Teller legen, Füllung und Belag nach Wunsch in die Mitte geben und zusammenfalten.

Hauptgerichte mit Fleisch

7 Hähnchen „San Fernando"

Gesamtzeit: 45 Min.
Arbeitszeit: 15 Min.

8 Portionen

mittel

pro Portion: Eiweiß 40 g;
Kohlenhydrate 53 g; Fett 14 g
kJ 2121; kcal 507

Zutaten

150 g Erdnüsse, geröstet
1 TL Kreuzkümmelkörner
4 rote Pfefferkörner
2 Gewürznelken
500 g Tomaten, halbiert
150 g Zwiebeln, halbiert
1 Knoblauchzehe
2 Chilischoten, Sorte Chipotle, mittelscharf
1 EL Epazote (mexikanisches Gewürzkraut), nach Wunsch
200 g Wasser
30 g Öl
2–3 Würfel Hühnerbrühe oder selbstgemachte Paste
1000 g Hühnerbrust oder Hühnerfleisch, gewürfelt
500 g Reis

Zubereitung

1. Erdnüsse, Kreuzkümmelkörner, roten Pfeffer und Nelken in den Mixtopf geben und **8 Min./Varoma/Stufe** ⊰ anrösten.
2. Tomaten, Zwiebeln, Knoblauch, Chilischoten, Epazote (nach Wunsch) und Wasser zugeben und **30 Sek./Stufe 10** pürieren.
3. Öl, Brühwürfel und Fleischwürfel zugeben und **30 Min./100°/↺/Stufe** ⊰ garen. Während dieser Zeit Reis nach Packungsanweisung in einem Kochtopf garen.
4. Hühnchenfleisch mit der Sauce in eine Schüssel umfüllen. Hühnerfleisch wieder aus der Sauce nehmen, zurück in den Mixtopf geben und **2 Sek./↺/Stufe 4** zerpflücken. Das zerpflückte Hühnerfleisch wieder zur Sauce geben, gut vermischen und mit dem Reis servieren.

Tipps
- Dieses Hühnerfleisch mit Sauce eignet sich gut – zusammen mit Guacamole oder Schmand – zum Füllen von Tortillas.
- Chili Chipotle ist geräucherter und getrockneter Jalapeño-Chili. Diese mittelscharfe Schote wird in Mexiko bevorzugt. An ihrer Stelle kann aber auch eine andere mittelscharfe Chilisorte verwendet werden.

In Mexiko wird dieses zerpflückte Hühnerfleisch „deshebrado" genannt. Es ist eine sehr beliebte Tortilla-Füllung, die sich im Thermomix sehr schnell zubereiten lässt.

Hauptgerichte mit Fleisch

8 Hähnchen-Paprika-Topf

Gesamtzeit: 50 Min.
Arbeitszeit: 15 Min.

4 Portionen

mittel

pro Portion: Eiweiß 54 g;
Kohlenhydrate 9 g; Fett 37 g
kJ 2470; kcal 591

Zutaten

40 g natives Olivenöl
3 Knoblauchzehen
150 g Zwiebeln, halbiert
300 g rote Paprika, in Stücken
50 g Weißwein
1000 g Hähnchen (Schenkel, Flügel, Brust)
50 g Wasser
200 g Tomatensauce (siehe Tipp)
1 Würfel Geflügelbrühe oder 1 TL selbst gemachte Hühnerpaste
1 TL Salz
½ TL Pfeffer, frisch gemahlen
250 g Champignons, in Scheiben
3 Prisen Muskat oder nach Geschmack

Zubereitung

1. Olivenöl und Knoblauch in den Mixtopf geben, **6 Sek./Stufe 5** zerkleinern und **3 Min./Varoma/Stufe 1** dünsten.
2. Zwiebeln, rote Paprika und Weißwein zugeben, **4 Sek./Stufe 5** zerkleinern und **10 Min./Varoma/Stufe 1** dünsten. Während der Garzeit das Hähnchen in Schenkel, Flügel und Brust zerteilen.
3. Hähnchenstücke, Wasser, Tomatensauce, Brühwürfel, Salz und Pfeffer zugeben und **20 Min./Varoma/Stufe ↺** garen.
4. Champignons und Muskat zugeben, **10 Min./Varoma/↺/Stufe ↺** garen, in eine Schüssel umfüllen und mit Brot servieren.

ⓘ Tipp

In Spanien werden viele Gerichte mit einer fertigen Tomatensauce „tomato frito" zubereitet. Diese können Sie auch einfach im Thermomix herstellen: 1 kleine Zwiebel (50 g) **3 Sek./Stufe 5** zerkleinern, 1 EL Olivenöl und 1 Prise Salz zugeben und **1 Min./Varoma/Stufe 1** dünsten, 250 g stückige Tomaten aus der Dose zugeben, **8 Min./100°/Stufe 1** garen und in ein Schraubglas umfüllen.

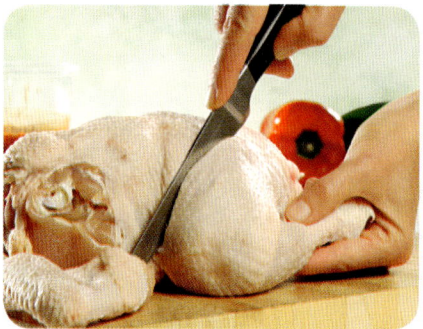

Hauptgerichte mit Fleisch

9 Rotes Thai-Curry mit Huhn

Gesamtzeit: 1 Std. 10 Min.
Arbeitszeit: 25 Min.

4 Portionen

aufwändig

pro Portion: Eiweiß 38 g;
Kohlenhydrate 72 g; Fett 30 g
kJ 3006; kcal 721

Zutaten

Rote Curry-Paste:
1 TL weiße Pfefferkörner
1 EL Korianderkörner
1 TL Kreuzkümmelkörner
70 g Schalotten
2 Knoblauchzehen
20 g Erdnuss- oder Kokosöl
2 rote Chilischoten, frisch, mittelgroß, entkernt
50 g Zitronengras, frisch, in Stücken (1 cm)
30 g Galgant (Thai-Ingwer), in dünnen Scheiben
1 TL Salz
4 Korianderwurzeln
50 g Erdnüsse, geröstet
1 EL Garnelenpaste
200 g Kokosmilch

Beilage:
250 g Jasminreis

Curry:
25 g Thaibasilikum, frisch, nur Blätter
200 g Kokosmilch
80 g Baby-Mais, geviertelt
150 g Thai-Auberginen, geachtelt
150 g grüne Thai-Bohnen, in Stücken (3 cm)
40 g Fischsauce
40 g Palmzucker
400 g Hühnerbrust, gewürfelt (2 x 2 cm)
30 g Limettensaft
8 Kaffir-Limonenblätter, ein- aber nicht durchgerissen

Zubereitung

Rote Curry-Paste und Beilage

1. Weiße Pfefferkörner, Korianderkörner und Kreuzkümmel in den Mixtopf geben und **5 Min./Varoma/⇆/Stufe 1** rösten.
2. Schalotten, Knoblauch, Erdnussöl, Chilis, Zitronengras, Galgant, Salz und Korianderwurzel zugeben und **8 Min./Varoma/⇆/Stufe 1** dünsten.
3. Erdnüsse, Garnelenpaste und Kokosmilch zugeben, **6 Min./100°/⇆/Stufe 1** garen und **2 Min./Stufe 8** pürieren. Während dieser Zeit den Jasminreis in einem Topf nach Packungsanweisung garen.

Curry

4. Thaibasilikum und Kokosmilch zugeben und **8 Min./100°/Stufe 1** garen.
5. Baby-Mais, Thai-Auberginen, Thai-Bohnen, Fischsauce und Palmzucker zugeben und **5 Min./100°/⇆/Stufe 1** garen.
6. Hühnerbrustwürfel, Limettensaft and Kaffir-Limonenblätter zugeben, Blätter mit dem Spatel unterheben und **7 Min./100°/⇆/Stufe ↺** garen. Das rote Curry mit gegartem Reis servieren.

Varianten
- Je nach Vorliebe können Sie das Hühnerfleisch durch Garnelen oder Fisch ersetzen.
- Als Alternative zu dieser selbst gemachten Currypaste können Sie auch eine fertige Rote Curry-Paste kaufen. Dann geben Sie 50–70 g Rote Curry-Paste und 200 g Kokosmilch in den Mixtopf und garen **6 Min./100°/Stufe 3**. Fahren Sie anschließend mit dem Reisgaren und der Zubereitung des Currys fort.

Hauptgerichte mit Fleisch

10 Rindfleischsuppe

Gesamtzeit: 1 Std. 18 Min.
Arbeitszeit: 15 Min.

4 Portionen

einfach

pro Portion: Eiweiß 35 g;
Kohlenhydrate 56 g; Fett 20 g
kJ 2297; kcal 548

Zutaten

- 10 g Ingwer, in dünnen Scheiben
- 20 g Knoblauchzehen
- 25 g Öl
- 500 g Rindfleisch, in Würfeln
- 50 g Sojasauce
- 50 g Chili-Bohnen-Paste
- 20 g Zucker
- 100 g Tomaten, geviertelt
- 1 Lorbeerblatt
- 800 g Wasser
- 150 g chinesischer weißer Rettich, geviertelt
- 150 g Möhren, geviertelt
- 250 g chinesische Eiernudeln
- 1 Frühlingszwiebel, in dünnen Ringen

Zubereitung

1. Ingwer und Knoblauch in den Mixtopf geben und **3 Sek./Stufe 8** zerkleinern.
2. Öl zugeben und **3 Min./Varoma/Stufe 1** dünsten.
3. Rindfleisch, Sojasauce, Chili-Bohnen-Paste und Zucker zugeben und **4 Min./Varoma/↺/Stufe ↻** dünsten.
4. Tomaten, Lorbeer und Wasser zugeben und **25 Min./100°/↺/Stufe ↻** garen.
5. Rettich und Möhren zugeben und weitere **25 Min./100°/↺/Stufe ↻** garen. Wenn das Rindfleisch noch nicht gar ist, Garzeit verlängern.
6. Nudeln zugeben, **5 Min./90°/↺/Stufe ↻** garen, in Suppenschälchen füllen, mit Frühlingszwiebeln bestreuen und servieren.

Tipps
- Anstelle der Chili-Bohnen-Paste können Sie auch 30 g Chili-Sauce und 20 g Miso-Paste oder auch nur 30 g Chili-Sauce verwenden.
- Die asiatischen Zutaten finden Sie im Asia-Shop oder in der Asia-Abteilung großer Supermärkte.

> Traditionell isst man diese Suppe mit Stäbchen und trinkt die Brühe aus der Suppenschale.

Hauptgerichte mit Fleisch

11 Koreanische Nudeln Japchae

Gesamtzeit: 1 Std. 10 Min.
Arbeitszeit: 20 Min.

6 Portionen

aufwändig

pro Portion: Eiweiß 17 g;
Kohlenhydrate 38 g; Fett 14 g
kJ 1461; kcal 349

Zutaten

200 g Schweinelende, in Streifen (5 mm)
130 g Sojasauce
3 TL Zucker
1 Knoblauchzehe, fein gehackt
2 Prisen schwarzer Pfeffer
250 g Reisglasnudeln (Vermicelli) und kaltes Wasser
30 g Sesamkörner
200 g Möhren, in dünnen Streifen (2 mm)
60 g Zwiebeln, in dünnen Scheiben (2 mm)
300 g Paprika, gemischt (grün, rot, gelb), in dünnen Streifen (2 mm)
80 g Champignons, in dünnen Scheiben (2 mm)
800 g Wasser
20 g Öl
2 TL Salz
30 g Sesamöl, geröstet
50 g Frühlingszwiebeln, in dünnen Scheiben

Zubereitung

1. Schweinefleisch, 1 EL Sojasauce, 1 TL Zucker, gehackten Knoblauch und Pfeffer in eine Schüssel geben, gut vermischen und marinieren. Reisglasnudeln in eine weitere Schüssel geben, mit kaltem Wasser bedecken und ¾–1 Stunde einweichen lassen. Mit dem nächsten Arbeitsschritt nach 30 Minuten beginnen.

2. Sesam in den Mixtopf geben, **6 Min./Varoma/↻/Stufe 1** rösten und in eine Schüssel umfüllen.

3. Mariniertes Fleisch, Möhren und Zwiebeln in den Varoma geben, Varoma-Einlegeboden einsetzen und Paprika und Champignons darauf verteilen. 800 g Wasser in den Mixtopf geben, Varoma aufsetzen und **15 Min./Varoma/Stufe 1** garen. Varoma abnehmen und zur Seite stellen.

4. 20 g Öl, 50 g Sojasauce und abgetropfte Reisglasnudeln – ggf. Nudeln entwirren – in den Mixtopf zugeben und **3 Min./100°/↻/Stufe ↶** garen. Während dieser Garzeit 4 EL Sojasauce, 2 TL Salz, 2 TL Zucker, Sesamöl und die gerösteten Sesamsamen in einer großen Servierschüssel vermischen. Gegartes Schweinefleisch, Gemüse und abgetropfte Glasnudeln in die Schüssel zugeben, vorsichtig vermischen und mit Frühlingszwiebeln bestreut heiß servieren.

ⓘ Tipp
Japchae wird mit Reis als Hauptgericht serviert oder als Beilage.

Varianten
Ersetzen Sie Schweinefleisch durch Rindfleisch oder Geflügel.

Japchae wird in Korea bei Partys oder besonderen Gelegenheiten serviert. Der Geschmack variiert, weil saisonales Gemüse verwendet wird.

Hauptgerichte mit Fleisch

12 Ungarischer Gulasch

Gesamtzeit: 1 Std. 40 Min.
Arbeitszeit: 15 Min.
6 Portionen
mittel
pro Portion: Eiweiß 46 g; Kohlenhydrate 63 g; Fett 17 g
kJ 2476; kcal 592

Zutaten

- ½ TL Kümmelsamen
- 3 Knoblauchzehen
- 3 Stängel Petersilie, abgezupft
- 3 Stängel Majoran, abgezupft
- 1 Stück Zitronenschale (1 x 3 cm)
- 450 g Zwiebeln, halbiert
- 30 g Öl
- 1000 g Rindergulasch (3 x 3 cm Würfel)
- 30 g Tomatenmark
- 10 g Senf
- 1 EL Paprika edelsüß
- 1 EL Paprika rosenscharf
- 2 Lorbeerblätter
- 1 Würfel Fleischbrühe oder selbst gemachte Paste
- 2 TL Salz und etwas mehr
- 400 g Wasser und etwas mehr
- 500 g Eiernudeln

Zubereitung

1. Kümmelsamen in den Mixtopf geben und **1 Min./Stufe 10** zerkleinern.
2. Knoblauch, Petersilie, Majoran und Zitronenschale zugeben, **2 Sek./Stufe 8** zerkleinern und diese Gewürzmischung umfüllen.
3. Zwiebeln in den Mixtopf geben und **5 Sek./Stufe 5** zerkleinern.
4. Öl zugeben und **8 Min./Varoma/Stufe 1** dünsten.
5. Rindergulasch, Tomatenmark, Senf, beide Paprikapulver, Lorbeer, Brühwürfel, 2 TL Salz und 400 g Wasser zugeben und **22 Min./100°/Stufe ↺** garen.
6. Gewürzmischung zugeben und **60 Min./90°/Stufe ↺** garen. Während der Garzeit die Nudeln nach Packungsanweisung so garen, dass sie gleichzeitig mit dem Gulasch fertig sind. Gulasch in einer Schüssel zusammen mit den Eiernudeln servieren.

Tipps

- Gulasch passt auch gut zu selbst gemachten Nudeln, Semmelknödeln oder Kartoffelpüree.
- Sollte etwas übrig bleiben, Gulasch im Kühlschrank aufbewahren und am nächsten Tag erwärmen. Sie können Gulasch auch schon am Vortag zubereiten und am nächsten Tag aufwärmen, während Sie die Beilagen zubereiten.

Hauptgerichte mit Fleisch

13 Couscous mit Lamm-Gemüse-Ragout

Gesamtzeit: 1 Std.
Arbeitszeit: 20 Min.

6 Portionen

einfach

pro Portion: Eiweiß 23 g;
Kohlenhydrate 51 g; Fett 20 g
kJ 1961; kcal 469

Zutaten

- 500 g Tomaten, halbiert
- 100 g Zwiebeln, halbiert
- 400 g Lammfleisch, in mundgerechten Stücken
- 2 Stängel Petersilie, abgezupft
- 2 Stängel Koriander, abgezupft
- 2 EL Salz
- 1 TL Pfeffer, frisch gemahlen
- 1 TL Kreuzkümmel, gemahlen
- 2 Dosen Safran (à 0,1 g)
- 70 g Olivenöl
- 20 g Butter
- 850 g Wasser
- 150 g Möhren, in mundgerechten Stücken
- 150 g Zucchini, in mundgerechten Stücken
- 150 g weiße Rüben, in mundgerechten Stücken
- 150 g Kürbisfleisch, in mundgerechten Stücken
- 350 g Couscous, mittel

Zubereitung

1. Tomaten und Zwiebeln in den Mixtopf geben und **4 Sek./Stufe 5** zerkleinern.
2. Fleisch, Kräuter, 1 EL Salz, Gewürze, 30 g Olivenöl, Butter, 500 g Wasser, Möhren, Zucchini, weiße Rüben und Kürbis zugeben und **35 Min./Varoma/↺/Stufe 1** garen. Währenddessen Couscous mit 350 g Wasser, 40 g Olivenöl und 2 TL Salz in eine Salatschüssel geben, gut vermischen und 15 Minuten ziehen lassen.
3. Couscous in den Varoma geben, aufsetzen und **15 Min./Varoma/↺/Stufe 1** garen. Lamm-Gemüse-Ragout mit Couscous auf Tellern servieren.

Tipps

- Mit gehacktem Koriander oder Petersilie bestreuen.
- Anstelle der Butter können Sie auch „Smen" verwenden, eine marokkanische Gewürzbutter.

Hauptgerichte mit Fleisch

14 Quiche Lorraine

*Gesamtzeit: 1 Std. 10 Min.
Arbeitszeit: 20 Min.*

8 Stücke

mittel

*pro Stück: Eiweiß 14 g;
Kohlenhydrate 18 g; Fett 23 g
kJ 1417; kcal 339*

Zutaten

100 g Gruyère-Käse, in Stücken

Teig:
150 g Mehl
75 g Butter, in Stücken
½ TL Salz
50 g Wasser

Belag:
250 g Wasser
200 g Schinkenwürfel
30 g Mehl
30 g Butter
250 g Milch
1 Prise Muskat
½ TL Salz
2 Prisen Pfeffer
3 Eier
2 EL Crème fraîche

Quicheform (Ø 26 cm), Backpapier, Trockenerbsen zum Blindbacken

ⓘ Tipps
- Als Mahlzeit servieren Sie einen Salat dazu.
- Heben Sie die Trockenerbsen auf. Sie können sie zum Blindbacken wiederverwenden.

Zubereitung

1. Gruyère in den Mixtopf geben, **20 Sek./Stufe 7** zerkleinern und umfüllen.

Teig

2. Alle Teigzutaten in den Mixtopf geben und **1 Min.**/⟲ kneten.
3. Teig **10 Sek.**/⟲/**Stufe 2** vermischen, aus dem Mixtopf nehmen und zu einer Kugel formen.
4. Teig 2 mm dick ausrollen und in eine gefettete und bemehlte Quicheform legen. Backofen auf 180 °C vorheizen.

Belag

5. Wasser in den Mixtopf geben und **4 Min./100°/Stufe 1** erhitzen.
6. Schinkenwürfel zugeben, **1 Min./100°/Stufe 1** erhitzen und in den Gareinsatz abgießen.
7. Teig in der Quicheform mit einer Gabel einstechen, mit Backpapier belegen, getrocknete Erbsen auf dem Backpapier verteilen und im Backofen 15 Minuten bei 180 °C blindbacken.
8. Mehl, Butter, Milch, Muskat, Salz und Pfeffer in den Mixtopf geben und **4 Min./90°/Stufe 3** vermischen.
9. Stellen Sie **2 Min./Stufe 3** ein, Eier, Crème fraîche und geriebenen Gruyère durch die Deckelöffnung auf das laufende Messer zugeben.
10. Erbsen und Backpapier vom vorgebackenen Teig entfernen. Schinkenwürfel auf dem Boden verteilen und Milchmischung darübergeben. Im Backofen 30–35 Minuten bei 180 °C backen, in Stücke schneiden und warm servieren.

Quiche Lorraine ist ein klassisches Gericht aus der französischen Küche.

Hauptgerichte mit Fleisch

Variante
Vegetarier ersetzen die Schinkenwürfel durch in kleine Würfel geschnittene, getrocknete, in Öl eingelegte, abgetropfte Tomaten. Der 5. und der 6. Schritt sind dann nicht erforderlich.

15 Calzone

Gesamtzeit: 2 Std. 50 Min.
Arbeitszeit: 25 Min.

4 Portionen

mittel

pro Portion: Eiweiß 40 g;
Kohlenhydrate 75 g; Fett 43 g
kJ 3558; kcal 851

Zutaten

Teig
220 g lauwarmes Wasser
1 TL Zucker oder 1 TL Malz
20 g frische Hefe (½ Würfel)
400 g Mehl
30 g natives Olivenöl
und etwas mehr
1 TL Salz

„Klassische" Füllung
300 g Mozzarella, in Stücken
400 g Tomaten, in Stücken,
abgetropft
40 g natives Olivenöl
1 TL Salz
6 Basilikumblätter, in Stücke
gerissen
100 g Schinken, in Streifen

Nudelholz, Backblech, Backpapier

Variante
Seien Sie kreativ und füllen Sie Ihre Calzone mit Zutaten ganz nach Ihrem Geschmack.

Zubereitung

Teig

1. Wasser, Zucker und Hefe in den Mixtopf geben und **20 Sek./Stufe 2** vermischen.
2. Mehl, Olivenöl und Salz zugeben und **2 Min./⟲** kneten.
   Aus dem Teig eine Kugel formen, in eine leicht geölte Schüssel legen, mit Folie abdecken und 2 Stunden gehen lassen.

Calzone-Zubereitung

3. Backofen auf 200 °C vorheizen.
4. Mozzarella in den Mixtopf geben, **3 Sek./Stufe 5** zerkleinern, in den Gareinsatz umfüllen und 10 Minuten abtropfen lassen. Währenddessen die abgetropften Tomaten, Olivenöl, Salz und Basilikum in eine Schüssel geben und vermischen.
5. Aus dem Teig 4 gleich große Kugeln formen und auf einer bemehlten Arbeitsfläche zu runden (Ø 26 cm), dünnen Platten ausrollen. Verteilen Sie jeweils ¼ der Tomatenmischung, des Mozzarellas und der Schinkenstreifen auf je einer Hälfte der vier Platten, wobei ein Rand von 2 cm frei bleiben sollte. Die Ränder mit Wasser bepinseln, die freie Teighälfte darüberklappen, vorsichtig die Luft herausdrücken und die Ränder mit einer Gabel fest andrücken. Calzone auf ein mit Backpapier belegtes Backblech legen, im auf 200 °C vorgeheizten Backofen 20–25 Minuten backen und warm servieren.

Hauptgerichte mit Fleisch

16 Kabeljau mit Zitrusbutter

Gesamtzeit: 45 Min.
Arbeitszeit: 15 Min.

4 Portionen

einfach

pro Portion: Eiweiß 36 g;
Kohlenhydrate 23 g; Fett 19 g
kJ 1760; kcal 421

Zutaten

700 g Wasser
400 g Kartoffeln, in Stücken
600 g Zucchini, in Scheiben (0,5 cm)
4 Kabeljaufilets
1 Orange, ungespritzt
1 Zitrone, ungespritzt
Salz
Pfeffer
80 g Butter, in Stücken, und etwas mehr
1 TL Anissamen
3 Stängel Petersilie, gehackt

Zubereitung

1. Wasser in den Mixtopf geben, Gareinsatz einhängen und Kartoffeln einwiegen. Zucchinischeiben in den Varoma legen, den leicht gefetteten Varoma-Einlegeboden einsetzen und die Fischfilets darauflegen. Orangen- und Zitronenschale dünn mit einem Zestenreißer oder einem Sparschäler in schmale Streifen abschälen. ¼ der Schalenstreifen auf dem Fisch verteilen und diesen mit Salz und Pfeffer würzen.
2. Varoma aufsetzen und **25 Min./Varoma/Stufe 1** garen. Varoma und Gareinsatz zur Seite stellen. Mixtopf leeren.
3. Die restlichen Schalenstreifen, 80 g Butter und Anissamen in den Mixtopf geben und **4 Min./60°/Stufe 1** erwärmen.
4. Orange und Zitrone auspressen, den Saft in den Mixtopf zugeben und **30 Sek./Stufe 3** vermischen. Kabeljaufilets, Zucchini und Kartoffeln auf einer Platte anrichten, Zitronenbutter über den Fisch geben, mit Petersilie bestreuen und servieren.

Tipp
Orangen- und Zitronenschalen schnell zerkleinern: Vor dem 1. Arbeitsschritt die Schale in den Mixtopf geben und **3 Sek./Stufe 7** hacken.

Zesten- oder Sparschäler

Hauptgerichte mit Fisch

17 Hecht auf galicische Art

Zutaten

6 Hechtsteaks (2–3 cm Scheiben), mit Haut
1½ TL Salz und etwas mehr
Öl zum Einfetten
800 g Kartoffeln, geschält, in Stücken
400 g Wasser
1 Lorbeerblatt
200 g Zwiebeln, in Scheiben
6 Petersilienblätter
100 g natives Olivenöl
40 g Knoblauchzehen, in dünnen Scheiben
2 EL Paprika edelsüß

Gesamtzeit: 50 Min.
Arbeitszeit: 10 Min.
6 Portionen
mittel
pro Portion: Eiweiß 38 g; Kohlenhydrate 24 g; Fett 23 g
kJ 1930; kcal 460

Zubereitung

1. Hechtsteaks leicht salzen und auf den gefetteten Varoma-Einlegeboden legen. Einlegeboden in den Varoma setzen und zur Seite stellen.
2. **Rühraufsatz einsetzen**. Kartoffeln, Wasser, 1½ TL Salz, Lorbeer, Zwiebeln und Petersilie in den Mixtopf geben und **15 Min./Varoma/⟲/Stufe ⚙** garen.
3. Varoma mit den Hechtsteaks aufsetzen, weitere **7 Min./Varoma/⟲/Stufe ⚙** garen.
4. Varoma zur Seite setzen, „Stampfkartoffeln" und Fisch umfüllen und warmhalten. Mixtopf spülen.
5. Olivenöl in den Mixtopf geben und **4 Min./Varoma/Stufe 1** erhitzen.
6. Knoblauchscheiben zugeben und **6 Min./Varoma/Stufe 1** dünsten. 2 Minuten abkühlen lassen. In der Zwischenzeit die „Stampfkartoffeln" auf Teller geben und jeweils eine Hechtscheibe darauflegen.
7. Paprika in den Mixtopf zugeben, **10 Sek./Stufe 1** vermischen, über Fisch und Püree gießen und sofort servieren.

> **ⓘ Tipp**
> Damit die „Stampfkartoffeln" schön sämig werden, schneiden die Spanier die Kartoffeln nicht einfach durch, sondern schneiden und brechen sie vor dem Kochen folgendermaßen in Stücke: die Kartoffeln leicht ein-, aber nicht durchschneiden und dann ein Stück abbrechen. Das wird mit jeder Kartoffel mehrfach wiederholt.

Ein typisch galicisches Gericht aus dem Norden Spaniens. Üblicherweise wird es mit „cachelos" serviert, das sind kleine, ungeschälte Kartoffeln, die in heißer Asche gegart werden.

Hauptgerichte mit Fisch

18 Fischtopf

Gesamtzeit: 50 Min.
Arbeitszeit: 20 Min.

6 Portionen

mittel

pro Portion: Eiweiß 32 g;
Kohlenhydrate 30 g; Fett 10 g
kJ 1528; kcal 365

Zutaten

- 2 Zwiebeln (à 80 g)
- 2 Knoblauchzehen
- 50 g Olivenöl
- 400 g stückige Tomaten, aus der Dose
- 1000 g Kartoffeln, geschält, in Stücken
- 2 TL Fischpaste, selbst gemacht
- Chilischote, frisch, nach Geschmack
- 200 g Weißwein
- 50 g Wasser
- 1 Lorbeerblatt
- 6 Fischfilets (900 g), mit festem Fleisch (z. B. Dorsch, Seebarsch, Seeteufel, etc.)
- Salz
- 2 Tomaten, in Scheiben
- 80 g rote Paprika, in Streifen
- 80 g grüne Paprika, in Streifen

Zubereitung

1. Eine Zwiebel und den Knoblauch in den Mixtopf geben, **5 Sek./Stufe 5** zerkleinern und mit dem Spatel nach unten schieben.
2. Öl zugeben und **3 Min./Varoma/Stufe 1** dünsten.
3. Die zweite Zwiebel in Scheiben schneiden, zugeben und auch **3 Min./Varoma/⟲/Stufe ↯** dünsten.
4. Stückige Tomaten zugeben und **3 Min./Varoma/⟲/Stufe ↯** garen.
5. **Rühraufsatz einsetzen**. Kartoffeln, Fischpaste, Chili, Weißwein, Wasser und Lorbeer zugeben und **10 Min./Varoma/⟲/Stufe ↯** garen. Während dieser Garzeit Varoma-Einlegeboden in den Varoma einsetzen, Fischfilets darauflegen, salzen und Tomatenscheiben und Paprikastreifen darauflegen.
6. Varoma auf den Mixtopf setzen, **15 Min./Varoma/⟲/Stufe ↯** garen, alles in eine große Schüssel umfüllen und servieren.

Tipps
- Mit gehacktem Koriander bestreuen.
- Ein Rezept für die selbst gemachte Fischpaste finden Sie auf Seite 40. Die selbst gemachte Fischpaste können Sie durch 2 TL Salz ersetzen.

Hauptgerichte mit Fisch

19 Thunfisch mit Kartoffelragout

Gesamtzeit: 50 Min.
Arbeitszeit: 15 Min.

6 Portionen

mittel

pro Portion: Eiweiß 15 g;
Kohlenhydrate 22 g; Fett 16 g
kJ 1242; kcal 296

Zutaten

50 g natives Olivenöl
100 g grüne Paprika, in Stücken
150 g Zwiebeln, halbiert
100 g passierte Tomaten (Fertigprodukt)
2 Knoblauchzehen
2 TL Paprika edelsüß oder Chilipaste
800 g Kartoffeln, geschält, in Stücken (siehe Tipp)
400 g Wasser
Salz nach Geschmack oder 1 TL Fischpaste
300 g Thunfisch, frisch, gewürfelt (3 x 3 cm)
6 Stängel Petersilie, gehackt

Zubereitung

1. Olivenöl, grüne Paprika, Zwiebel, passierte Tomaten und Knoblauch in den Mixtopf geben, **4 Sek./Stufe 4** zerkleinern und **7 Min./Varoma/Stufe 1** dünsten.
2. Paprikapulver zugeben und **5 Sek./Stufe 3** vermischen.
3. **Rühraufsatz einsetzen.** Kartoffeln zugeben und **2 Min./100°/↺/Stufe ↵** dünsten.
4. Wasser und Salz zugeben und **20 Min./Varoma/↺/Stufe ↵** garen. Testen, ob die Kartoffeln gar sind, und gegebenenfalls die Garzeit um 5 Minuten verlängern.
5. Thunfisch zugeben und **3 Min./Varoma/↺/Stufe ↵** garen. Petersilie und Salz nach Geschmack zugeben und 5 Minuten im Mixtopf ziehen lassen, bevor das Gericht serviert wird.

Tipps
- Zur Vorbereitung der Kartoffeln siehe Tipp auf Seite 132.
- Die Mischung, die im 1. Schritt zubereitet wird, nennen die Spanier „sofrito". Sie dient ihnen als Basis vieler Gerichte.

Dieses Ragout heißt in Spanien „marmitako", das meint so viel wie „aus dem Topf". Ursprünglich wurde dieses Gericht von Fischern auf dem Boot zubereitet. Sie verwendeten dazu frisch gefangenen Fisch, meist Thunfisch.

Hauptgerichte mit Fisch

20 Oktopus-Reis

Gesamtzeit: 1 Std. 20 Min.
Arbeitszeit: 8 Min.

6 Portionen

mittel

pro Portion: Eiweiß 34 g;
Kohlenhydrate 52 g; Fett 14 g
kJ 2026; kcal 483

Zutaten

1 Oktopus, mittelgroß (1000–1200 g), tiefgekühlt
100 g Weißwein
2 Zwiebeln (à 80 g)
2 Knoblauchzehen
70 g Olivenöl
300 g Dosentomaten mit Flüssigkeit
Salz nach Geschmack
Pfeffer nach Geschmack
350 g Langkornreis, nicht parboiled
Wasser nach Bedarf
4 Stängel Koriander, abgezupft, gehackt

Zubereitung

1. Gefrorenen Oktopus in mundgerechte Stücke schneiden, mit Weißwein und einer ganzen Zwiebel in den Mixtopf geben und **40 Min./Varoma/Stufe 1** garen. Oktopus zum Abtropfen in den Gareinsatz gießen und Garflüssigkeit auffangen. Mixtopf muss nicht gespült werden.
2. Die 2. Zwiebel und den Knoblauch in den Mixtopf geben und **6 Sek./Stufe 5** zerkleinern.
3. Olivenöl und Tomaten mit Flüssigkeit zugeben und **7 Min./100°/Stufe 1** garen.
4. Abgetropften Oktopus mit Zwiebel zugeben, nach Geschmack mit Salz und Pfeffer würzen und **7 Min./100°/↺/Stufe ↺** garen.
5. Langkornreis zugeben und **3 Min./100°/↺/Stufe ↺** kochen.
6. Garflüssigkeit in den Mixtopf einwiegen, mit Wasser auf 900 g auffüllen, das Gericht **15 Min./100°/↺/Stufe ↺** garen und in einer Suppenschüssel mit Koriander bestreut servieren.

Variante
Den Weißwein können Sie durch Rotwein oder Wasser ersetzen.

Hauptgerichte mit Fisch

21 Jakobsmuscheln mit Porree

Gesamtzeit: 40 Min.
Arbeitszeit: 10 Min.

4 Portionen

mittel

pro Portion: Eiweiß 7 g;
Kohlenhydrate 9 g; Fett 13 g
kJ 928; kcal 222

Zutaten

- 3 Schalotten
- 20 g Butter
- 400 g Porree, in dünnen Ringen
- 250 g trockener Weißwein
- 20 g Wasser
- 1 TL Salz oder 1 TL Fischpaste
- 1 Prise Pfeffer
- 12 Jakobsmuscheln (Ø 4 cm)
- 100 g Sahne, mind. 30 % Fett
- 2 TL Speisestärke

Zubereitung

1. Schalotten in den Mixtopf geben, **5 Sek./Stufe 5** zerkleinern und mit dem Spatel nach unten schieben.
2. Butter zugeben und **2 Min./Varoma/Stufe 1** dünsten. Währenddessen die Porreeringe in den Varoma legen.
3. Wein, Wasser, Salz und Pfeffer in den Mixtopf geben, Varoma aufsetzen und **14 Min./Varoma/Stufe 1** garen. Während der Garzeit die Jakobsmuscheln auf dem Varoma-Einlegeboden verteilen und zur Seite stellen.
4. Varoma-Einlegeboden in den Varoma einsetzen und **7 Min./Varoma/Stufe 1** garen.
5. Varoma zur Seite stellen. Sahne und Speisestärke in den Mixtopf geben, **5 Min./100°/Stufe 3** mit eingesetztem Messbecher garen und **30 Sek./Stufe 8** pürieren. Porree als Bett auf eine Servierplatte geben, Jakobsmuscheln darauflegen, mit Sauce begießen und sofort servieren.

Tipps

- Wenn die Jakobsmuscheln kleiner ausfallen (Ø 2–3 cm), verkürzt sich die Garzeit im 4. Schritt auf 5 Minuten.
- Versuchen Sie Jakobsmuscheln mit Rogen (Corail) zu bekommen.

Hauptgerichte mit Fisch

22 Fischragout mit Kokosmilch

Gesamtzeit: 30 Min.
Arbeitszeit: 15 Min.

4 Portionen

einfach

pro Portion: Eiweiß 49 g;
Kohlenhydrate 54 g; Fett 25 g
kJ 2695; kcal 646

Zutaten

- 250 g Reis
- 1 Zwiebel, halbiert
- 2 Knoblauchzehen
- 3 Stängel Koriander, abgezupft
- 3 Stängel Petersilie, abgezupft
- 2 Zweiglein Estragon, abgezupft
- 50 g Olivenöl
- 200 g geschälte Tomaten, frisch oder aus der Dose
- 80 g grüne Paprika, in Stücken
- 1 TL Fischpaste oder 1 Würfel Fischbrühe
- ¼ TL Salz
- 200 g Kokosmilch
- 500 g Garnelen, mittelgroß, geschält, frisch
- 400 g Fischfilets (z. B. Hecht, Seebarsch, etc.), in Stücken (ca. 5 x 5 cm)
- 1 Prise Cayenne-Pfeffer
- 1 EL Schnittlauch, frisch, in Röllchen

Zubereitung

1. Reis nach Packungsanweisung in einem Topf garen.
2. Zwiebel, Knoblauch, Koriander, Petersilie und Estragon in den Mixtopf geben und **5 Sek./Stufe 6** zerkleinern.
3. Olivenöl, geschälte Tomaten, Paprika, Fischpaste und Salz zugeben, **15 Sek./Stufe 7** mischen und **5 Min./Varoma/Stufe 1–2** garen.
4. Kokosmilch zuwiegen und **5 Min./Varoma/Stufe 1** garen.
5. Garnelen, Fischstücke und Cayenne-Pfeffer zugeben und **3 Min./90°/Stufe** garen. Fischragout sofort mit Reis servieren und mit Schnittlauch bestreuen.

Tipp
Falls TK-Garnelen verwendet werden, diese vorher auftauen.

Hauptgerichte mit Fisch

23 Indisches Gemüse-Curry

Zutaten

½ TL Korianderkörner
½ TL Kreuzkümmelkörner
½ TL Kardamom-Samen
½ TL Senfkörner
100 g Zwiebeln, halbiert
2 Knoblauchzehen
15 g Ingwer, in dünnen Scheiben
1 rote Chilischote, frisch, klein, entkernt, in Stücken
20 g Olivenöl
1 TL Kurkuma
400 g Kokosmilch
100 g Wasser
1 TL Gemüsebrühpaste oder 1 Würfel Gemüsebrühe
2 TL Salz
600 g festkochende Kartoffeln, geschält, in Stücken
150 g Möhren, in Scheiben (1 cm)
150 g Blumenkohlröschen
100 g Zucchini, in Scheiben (1 cm)
100 g Erbsen, gefroren
2 Stängel Koriander, abgezupft

Gesamtzeit: 50 Min.
Arbeitszeit: 15 Min.
4 Portionen
mittel
pro Portion: Eiweiß 9 g; Kohlenhydrate 34 g; Fett 23 g kJ 1592; kcal 383

Zubereitung

1. Koriander, Kreuzkümmel, Kardamom und Senfkörner in den Mixtopf geben und **6 Min./Varoma/↺/Stufe 1** anrösten.
2. Zwiebeln, Knoblauch, Ingwer und Chili zugeben, **5 Sek./🔪/Stufe 5** zerkleinern und mit dem Spatel nach unten schieben.
3. Olivenöl zugeben und **6 Min./Varoma/Stufe 1** dünsten.
4. Kurkuma, Kokosmilch, Wasser, Gemüsebrühpaste und Salz zugeben und **1 Min./Stufe 10** pürieren.
5. Kartoffeln und Möhren zugeben und **10 Min./Varoma/↺/Stufe ↻** garen. Während der Garzeit Varoma-Einlegeboden in den Varoma setzen und Blumenkohl, Zucchini und gefrorene Erbsen auf den Varoma-Einlegeboden legen.
6. Varoma aufsetzen und **12 Min./Varoma/↺/Stufe ↻** garen.
7. Varoma abnehmen, Gemüse vom Einlegeboden in den Mixtopf geben und **2 Min./100°/↺/Stufe ↻** vermischen. Curry in eine Schüssel geben, mit Koriandergrün dekorieren und heiß servieren.

ⓘ Tipp
Auch andere Gemüse eignen sich für Currys, z.B. Brokkoli, grüne Bohnen, Paprika und Kürbis.

Hauptgerichte – vegetarisch

24 Risotto mit Safran

Gesamtzeit: 26 Min.
Arbeitszeit: 5 Min.

4 Portionen

mittel

pro Portion: Eiweiß 9 g;
Kohlenhydrate 63 g; Fett 22 g
kJ 2138; kcal 511

Zutaten

- 1 Schalotte
- 40 g Butter
- 40 g natives Olivenöl
- 320 g Risottoreis (z. B. Carnaroli)
- 100 g Weißwein, trocken
- 900 g Wasser
- 1 EL Gewürzpaste (Fleisch oder Gemüse)
- ½–1 TL Salz
- 2 Dosen Safran (je 0,1 g)
- 40 g Parmesan, gerieben

Zubereitung

1. Schalotte in den Mixtopf geben und **3 Sek./Stufe 5** zerkleinern.
2. 20 g Butter und Olivenöl zugeben und **3 Min./100°/Stufe 1** dünsten.
3. Risottoreis zugeben und **3 Min./100°/↺/Stufe 1** ohne Messbecher dünsten.
4. Wein zugeben und **1 Min./100°/↺/Stufe 1** ohne Messbecher erhitzen.
5. Wasser, Gewürzpaste, Salz und Safran zugeben und **14–15 Min./100°/↺/Stufe 1** ohne Messbecher garen. Dabei den Gareinsatz als Spritzschutz auf den Mixtopfdeckel stellen.
6. Risotto in eine Schüssel umfüllen, mit der restlichen Butter und dem Parmesan vermischen und sofort servieren.

ⓘ Tipps

- Beachten Sie bei der Planung: Ihre Gäste können auf das Risotto warten, aber nicht das Risotto auf Ihre Gäste!
- Grundregel: Für 100 g Risottoreis braucht man 300 g Wasser mit Gewürzpaste.

Varianten

- **Pilz-Risotto:** Im 2. Arbeitsschritt 250 g frische Pilze oder 50 g getrocknete Pilze (30 Minuten in Wasser eingeweicht und ausgedrückt) zugeben. Dann weiter arbeiten wie oben beschrieben. In Italien bevorzugt man Steinpilze. Safran kann bei dieser Variante auch weggelassen werden.
- **Bratwurst-Apfel-Risotto:** Im 2. Arbeitsschritt 150 g Bratwurstbrät (gehacktes Fleisch aus der Pelle drücken und zerkrümeln) zugeben. Im 3. Arbeitsschritt 100 g gewürfelten grünen Apfel zugeben. Im 5. Arbeitsschritt nur 800 g Wasser zuwiegen und 19–20 Minuten garen.

Hauptgerichte – vegetarisch

25 Gemüse mit Reis und süß-saurer Sauce

Zutaten

250 g Reis, parboiled
900 g Wasser
200 g Möhren, in Streifen
100 g rote Paprika, in Streifen
100 g gelbe Paprika, in Streifen
200 g Zucchini, in Streifen
250 g Pilze, gemischt, in Scheiben
100 g Sojabohnensprossen, frisch

Süß-saure Sauce
1 Stück Ingwer, walnussgroß, geschält
50 g rote Paprika
50 g Obstessig, bevorzugt von Beeren
50 g brauner Zucker
50 g Honig
1 EL Speisestärke
1 TL Salz
60 g Sojasauce
1 EL Limettensaft
1 Prise Pfeffer
200 g Ananas, frisch, in mundgerechten Stücken

Gesamtzeit: 45 Min.
Arbeitszeit: 20 Min.
4 Portionen
einfach
pro Portion: Eiweiß 12 g; Kohlenhydrate 90 g; Fett 1 g kJ 1797; kcal 430

Zubereitung

1. Gareinsatz einhängen, Reis einwiegen, Wasser über den Reis in der Mixtopf gießen und **8 Min./Varoma/Stufe 1** kochen. Während dieser Zeit Möhren, Paprika und Zucchini in den Varoma geben, Varoma-Einlegeboden einsetzen und Pilze und Sojabohnensprossen darauf verteilen.
2. Varoma aufsetzen und **22 Min./Varoma/Stufe 1** garen. Varoma und Gareinsatz zur Seite stellen, Mixtopf leeren und Garflüssigkeit auffangen.

Süß-saure Sauce

3. Ingwer und rote Paprika in den Mixtopf geben und **8 Sek./Stufe 8** zerkleinern.
4. Essig, Zucker, Honig, Speisestärke, 150 g Garflüssigkeit und Salz zugeben, **10 Sek./Stufe 3** mischen und **3½ Min./100°/Stufe 2** aufkochen.
5. Sojasauce, Limettensaft, Pfeffer und Ananas zugeben und **5 Sek./Stufe 3** vermischen.
6. Gemüse in eine Schüssel geben, mit der Sauce vermischen und mit Reis servieren.

Variante
Zucchini können Sie durch Zuckererbsen ersetzen.

Hauptgerichte – vegetarisch

26 Reibekuchen mit Apfelmus

Zutaten

1000 g Kartoffeln, in Stücken
150 g Zwiebeln, geviertelt
1 EL Zitronensaft
1 TL Salz
¼ TL Pfeffer
20 g Speisestärke
20 g Haferflocken
1 Ei
Öl zum Braten

Apfelmus
750 g säuerliche Äpfel, geachtelt
20 g Zitronensaft
50 g Zucker
40 g Wasser
1 TL Vanillezucker, selbst gemacht

Pfanne

Gesamtzeit: 20 Min.
Arbeitszeit: 20 Min.

4 Portionen

einfach

pro Portion: Eiweiß 9 g;
Kohlenhydrate 83 g; Fett 24 g
kJ 2470; kcal 590

Zubereitung

1. Alle Zutaten für die Reibekuchen, außer Öl zum Braten, in den Mixtopf geben und **ca. 10–15 Sek./Stufe 5** mithilfe des Spatels zerkleinern.
2. Öl in eine heiße Pfanne geben und heiß werden lassen.
Zwei gehäufte Esslöffel von der Kartoffelmischung in das heiße Öl geben, mit dem Löffel flach drücken und rund formen (Ø 10 cm) und nach und nach die Reibekuchen von beiden Seiten goldbraun und knusprig braten. Das Öl auf Küchenkrepp abtropfen lassen und Reibekuchen heiß mit Apfelmus servieren.

Apfelmus
3. Alle Zutaten für das Apfelmus in den Mixtopf geben und **9 Min./100°/Stufe 1** kochen.
4. Apfelmus **ca. 20 Sek./Stufe 5** pürieren, umfüllen und heiß oder kalt servieren.

Tipps
Reibekuchen:
- Nehmen Sie frische Kartoffeln, die Sie gründlich abbürsten. Dann brauchen Sie die Kartoffeln nicht zu schälen.
- Wenn Sie größere Mengen Reibekuchen brauchen, bereiten Sie den Kartoffelteig einfach mehrmals hintereinander zu.

Apfelmus:
- Mit Zimt-Zucker bestreuen. Das passt besonders gut zu Milchreis, Pfannkuchen und Reibekuchen.
- Falls Sie ungeschälte Äpfel verwenden, einige Sekunden länger pürieren.
- Falls Sie sehr süße Äpfel haben, mehr Zitronensaft nehmen und/oder Zucker reduzieren.

Varianten
Reibekuchen:
- Klassische Version: Nehmen Sie anstelle von Speisestärke nur Haferflocken.
- Reibekuchen mit Gemüse: Ersetzen Sie ein Drittel oder die Hälfte der Kartoffeln durch Gemüse, z.B. Möhren, Kohlrabi, Blumenkohl, Zucchini etc. Servieren Sie als Dip Kräuterschmand dazu (Rezept siehe Seite 188).

Apfelmus:
- Wenn Sie stückiges Apfelmus lieben, pürieren Sie kürzer oder gar nicht und servieren Sie es als gedünstete Äpfel.
- Sie können genauso auch andere Obstsorten oder Früchtemischungen zu Fruchtmus verarbeiten.

Ein traditionelles deutsches Gericht, das je nach Gegend mit süßen oder herzhaften Beilagen serviert wird.

Hauptgerichte – vegetarisch

27 Spanisches Kartoffel-Omelette

Gesamtzeit: 40 Min.
Arbeitszeit: 15 Min.

4 Portionen

mittel

pro Portion: Eiweiß 13 g; Kohlenhydrate 18 g; Fett 28 g kJ 1572; kcal 375

Zutaten

- 200 g Zwiebeln, halbiert
- 100 g natives Olivenöl
- 400 g Kartoffeln, geschält, in dünnen Scheiben
- 100 g Wasser
- ½ TL Salz
- 6 Eier
- 2 EL Olivenöl zum Frittieren

Zubereitung

1. Zwiebeln in den Mixtopf geben und **4 Sek./Stufe 4** zerkleinern.
2. Olivenöl zugeben und **7 Min./Varoma/Stufe** dünsten.
3. **Rühraufsatz einsetzen**. Kartoffelscheiben, Wasser und Salz zugeben und **13 Min./Varoma/ /Stufe** garen.
4. **Rühraufsatz entfernen**. Zwiebel-Kartoffel-Mischung im Gareinsatz abtropfen lassen und in eine Schüssel umfüllen. Eine tiefe Pfanne auf Mittelhitze vorheizen.
5. Eier in den Mixtopf geben, **15 Sek./Stufe 3** vermischen, zu den Kartoffeln geben und vermischen. 1 EL Olivenöl in die vorgeheizte Pfanne geben, die Kartoffel-Ei-Mischung zugeben und langsam goldgelb braten. Einen Teller umgekehrt auf das Omelette legen und umdrehen, sodass das Omelette auf dem Teller liegt. Wieder 1 EL Öl in die Pfanne geben, das Omelette vorsichtig in die Pfanne gleiten lassen und auch die andere Seite langsam goldbraun braten. Omelette auf einen Teller geben, vierteln und heiß servieren.

Tipps

- Genießen Sie das spanische Kartoffel-Omelette mit einem Salat heiß oder kalt als Hauptspeise.
- „Tortillas de patata" werden auch als Tapas serviert. Entweder kommt eine Omelette-Scheibe als Belag auf Brot mit Mayonnaise oder das Omelette wird in Würfel geschnitten und von je einem Zahnstocher aufgespießt angeboten. Super für Party und Picknick!

Tiefe Pfanne

Hauptgerichte – vegetarisch

28 Pizza Margherita oder Pizza Capricciosa

Gesamtzeit: 2 Std. 40 Min.
Arbeitszeit: 15 Min.

4 Portionen

einfach

pro Portion*: Eiweiß 26 g;
Kohlenhydrate 77 g; Fett 37 g
kJ 3123; kcal 746

*Pizza Margherita

Zutaten

Teig (1 Calzone-Teig, Seite 128)

Margherita-Belag
300 g Mozzarella, in Stücken
400 g passierte Tomaten
2–3 Prisen Salz
4 EL natives Olivenöl
10–15 Basilikumblätter

Capricciosa-Belag (alternativ)
250 g Mozzarella, in Stücken
300 g passierte Tomaten
8 Artischockenherzen in Öl, geviertelt
50 g Champignons in Öl oder
4 frische Champignons
50 g schwarze Oliven
5–6 Sardellen in Öl
1 Prise Salz
40 g natives Olivenöl

Nudelholz, Backblech, Backpapier

Zubereitung

1. Teig vorbereiten wie in Rezept (Calzone, Seite 128) beschrieben.

Pizza-Zubereitung

2. Backofen auf 220 °C vorheizen.
3. Mozzarella in den Mixtopf geben, **3 Sek./Stufe 5** zerkleinern, in den Gareinsatz umfüllen und 10 Minuten abtropfen lassen.
4. Teig auf einer bemehlten Arbeitsfläche dünn (1 cm) rechteckig ausrollen, auf ein mit Backpapier belegtes Backblech legen und einen schmalen Rand formen.
5. **Margherita:** Passierte Tomaten und Mozzarella auf dem Teig verteilen, Salz und 2 EL Olivenöl darübergeben und im auf 220 °C vorgeheizten Backofen 20 Minuten backen. Während der Backzeit die Basilikumblätter zerzupfen und in einem Schüsselchen mit 2 EL Olivenöl vermischen. Basilikum-Öl-Mischung auf der vorgebackenen Pizza verteilen und weitere 5 Minuten fertig backen.
Oder Capricciosa: Passierte Tomaten auf den Teig streichen. Artischockenherzen, Champignons, Oliven, Sardellen und Mozzarella darüber verteilen, mit Salz und 4 EL Olivenöl beträufeln und im auf 220 °C vorgeheizten Backofen 20–25 Minuten backen.
6. Pizza in 4 Stücke schneiden und servieren.

Pizza Capricciosa: Eiweiß 27 g; Kohlenhydrate 78 g; Fett 41 g; kJ 3295; kcal 787

Tipps
- Die Italiener bevorzugen für Pizza Büffelmozzarella.
- Seien Sie kreativ und entdecken Sie den Lieblingsbelag für Ihre Pizza, z.B. Gemüse, Salami, Schinken, Käse, Obst und Kräuter.
- Aus dem Teig können Sie auch 4 einzelne runde Pizzas formen. Italiener backen sie dann eine nach der anderen und teilen jede Pizza.

Hauptgerichte – vegetarisch

29 Bandnudeln mit gedünsteten Steinpilzen

Zutaten

20 g Petersilie, frisch, ohne Stiele
1 Knoblauchzehe
50 g natives Olivenöl
100 g Steinpilze, geputzt, in Scheiben oder 30 g getrocknete Steinpilze, 30 Minuten eingeweicht in warmem Wasser
1¼ TL Salz
1200 g Wasser
300 g Nudeln (Hartweizen), z. B. Bandnudeln
schwarzer Pfeffer, frisch gemahlen
Parmesan, gerieben, nach Geschmack

Gesamtzeit: 40 Min.
Arbeitszeit: 5 Min.
4 Portionen
einfach
pro Portion: Eiweiß 17 g; Kohlenhydrate 54 g; Fett 20 g kJ 1956; kcal 468

Zubereitung

1. Petersilie in den Mixtopf geben, **3 Sek./Stufe 7** zerkleinern, 1 EL davon entnehmen und zur Seite stellen.
2. Knoblauch und 30 g Olivenöl zugeben und **3 Min./Varoma/Stufe 1** dünsten.
3. Knoblauch wieder entnehmen, Pilze und ¼ TL Salz in den Mixtopf zugeben, **12 Min./100°/Stufe** ↺ garen, umfüllen und warm halten.
4. Wasser in den Mixtopf geben und **10 Min./100°/Stufe 1** aufkochen.
5. Nudeln und 1 TL Salz zugeben und **je nach Zeitangabe auf der Packung/100°/Stufe 1** garen. Nudeln in den Gareinsatz abgießen, dann in einer Schüssel mit den Steinpilzen, 20 g nativem Olivenöl, gehackter Petersilie und Pfeffer vermischen. Sofort mit geriebenem Parmesan servieren.

ⓘ Tipp
Genießen Sie diese Sauce zu selbst gemachten Nudeln. Garen Sie die Nudeln in einem Topf, während die Pilze im Thermomix dünsten.

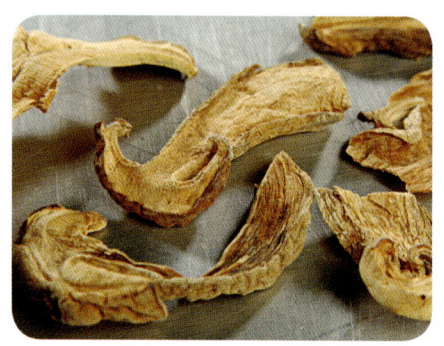

Hauptgerichte – vegetarisch

30 Klößchen mit süßen Bröseln

Gesamtzeit: 50 Min.
Arbeitszeit: 15 Min.

4 Portionen

einfach

pro Portion: Eiweiß 18 g; Kohlenhydrate 72 g; Fett 20 g
kJ 2296; kcal 549

Zutaten

- 300 g Ricotta
- 1 Ei
- 300 g Mehl
- 3 TL Salz
- 40 g Butter
- 50 g Zucker
- 30 g Paniermehl

Zubereitung

1. Ricotta, Ei, Mehl und 1 TL Salz in den Mixtopf geben und **40 Sek./Stufe 3** vermischen. Teig auf einen Teller geben, abdecken und 30 Minuten ruhen lassen. Während dieser Zeit Wasser in einem großen Topf zum Kochen bringen.
2. Teig teilen und nacheinander auf einer nicht klebenden Arbeitfläche zu Strängen (Ø 2 cm) rollen. Stränge in 1–2 cm lange Stücke schneiden. 2 TL Salz zum kochenden Wasser geben und die Klößchen 7–8 Minuten darin gar ziehen lassen. In dieser Zeit die süßen Brösel zubereiten.
3. Butter in den Mixtopf geben und **2 Min./Varoma/Stufe 1** schmelzen.
4. Zucker und Paniermehl zugeben und **4 Min./100°/Stufe 2** rösten.
5. Klößchen abtropfen lassen, auf Tellern anrichten, mit den Bröseln bestreuen und heiß servieren.

ⓘ Tipps

- Traditionell verwendet man in Polen für diese „Pierogi" einen krümeligen, trockenen Frischkäse.
- Es tut dem Teig gut, wenn er ruhen kann; wenn es schnell gehen muss, können Sie darauf verzichten.
- **Paniermehl selbst machen:** Trockene Brötchen in Stücken in den Mixtopf geben und **13–15 Sek./Stufe 7** zerkleinern.

In Polen kennt man viele verschiedene Arten von „Pierogi". Üblicherweise ist es ein Nudelteig mit delikaten Füllungen. Diese Variante der ‚Pierogi' ist eine einfache Version.

Hauptgerichte – vegetarisch

Beilagen

1 *Eiernudeln*

   🇮🇹   Seite 162

2 *Semmelknödel*

   🇦🇹   Seite 164

3 *Tomatenreis*

   🇵🇹   Seite 166

4 *Kartoffelpüree italienische Art*

   🇮🇹   Seite 166

5 *Kartoffel-Gemüse-Püree*

   Seite 168

6 *Ratatouille*

   🇫🇷   Seite 170

7 *Spargel mit Kartoffeln*

   Seite 172

Beilagen

Das kleine Extra für den Hauptgang: Abwechslungsreiche Beilagen machen eine Mahlzeit erst komplett. Sie haben die Wahl zwischen Semmelknödeln, Kartoffelpüree italienische Art, Ratatouille und noch manchen anderen Leckereien.

1 Eiernudeln

Gesamtzeit: 52 Min.
Arbeitszeit: 20 Min.

4 Portionen

aufwändig

pro Portion: Eiweiß 9 g;
Kohlenhydrate 37 g; Fett 7 g
kJ 1044; kcal 250

Zutaten

200 g Mehl und etwas mehr
2 Eier
1 EL natives Olivenöl

Zubereitung

1. Alle Zutaten in den Mixtopf geben und **2 Min.**/⟲/ꝏ kneten. Aus dem Teig eine Kugel formen, in Frischhaltefolie einwickeln und 15 Minuten ruhen lassen.
2. Teig auf einer bemehlten Arbeitsfläche mit einem Nudelholz oder einer Nudelmaschine dünn zu Rechtecken ausrollen. Die Teigplatten mit Mehl bestäuben, damit sie nicht aneinanderkleben. Nudelsorten:
   Lasagne oder Ravioli: Teigplatten in Blätter schneiden (ca. 20 x 10 cm)
   Tagliatelle (Bandnudeln): Teigplatten in Streifen schneiden (2 x max. 30 cm)
   Farfalle (Schleifchennudeln): Teigplatten in kleine Rechtecke (2 x 5 cm) schneiden und diese jeweils in der Mitte zusammendrücken, damit eine Schleifchen- oder Schmetterlingsform entsteht.
3. Nudeln 3–4 Minuten in kochendem Salzwasser garen.

Tipps
- Servieren Sie Nudeln als Beilage oder als Hauptgericht mit Tomatensauce, Pesto oder Ihrer Lieblingssauce.
- Das Rezept lässt sich für mehr Nudeln einfach aufstocken. Pro 100 g zusätzlichem Mehl auch 1 Ei mehr zugeben. Höchstmenge, die sich auf einmal kneten lässt: 500 g Mehl und 5 Eier werden 3 Minuten lang geknetet.
- Portionieren Sie den Teig und verarbeiten Sie nach und nach immer nur kleine Teig- mengen oder bedecken Sie den Teig mit einem feuchten Geschirrtuch, um zu verhindern, dass er austrocknet.

Nudelholz oder Nudelmaschine

Varianten
- **Grüne Nudeln:** Grundrezept mit zusätzlich 100 g Mehl und 70 g Spinatblättern (frisch, gewaschen und trocken oder gefroren, aufgetaut und ausgedrückt). Mehl und Spinatblätter in den Mixtopf geben, **20 Sek.**/**Stufe 9** zerkleinern. Eier und Öl zugeben und **2 Min.**/⟲/ꝏ kneten.
- **Rote Nudeln ohne Ei:** Anstelle der 2 Eier geben Sie 100 g Tomatensaft zu und fahren wie im Grundrezept beschrieben fort.

Beilagen

2 Semmelknödel

Gesamtzeit: 50 Min.
Arbeitszeit: 15 Min.

6 Portionen

mittel

pro Portion: Eiweiß 8 g;
Kohlenhydrate 24 g; Fett 8 g
kJ 850; kcal 203

Zutaten

5–6 Brötchen (250 g), trocken, geviertelt
80 g Zwiebeln
6 Stängel Petersilie, abgezupft
25 g Butter
200 g Milch
3 Eier
1½ TL Salz
2 Prisen Pfeffer
2 Prisen Muskat
500 g Wasser

Zubereitung

1. Brötchen in den Mixtopf geben, **6 Sek./Stufe 5** zerkleinern und in eine Schüssel umfüllen.
2. Zwiebeln und Petersilie in den Mixtopf geben und **3 Sek./Stufe 6** zerkleinern.
3. Butter zugeben und **3 Min./Varoma/Stufe 1** dünsten.
4. Milch zugeben und **1½ Min./60°/Stufe 1** erwärmen.
5. Zerkleinerte Brötchen, Eier, 1 TL Salz, Pfeffer und Muskat zugeben, **15 Sek./⟲/Stufe 3** mithilfe des Spatels vermischen und in eine Schüssel umfüllen.
6. Mit nassen Händen 12 Knödel formen, in den gefetteten Varoma und Varoma-Einlegeboden verteilen und Mixtopf spülen.
7. Wasser und ½ TL Salz in den Mixtopf geben, Varoma aufsetzen und **30 Min./Varoma/Stufe 1** garen. Heiße Knödel als Beilage zu Fleisch mit Sauce oder mit Pilzsauce servieren.

Tipps
- Falls die Brotmischung zu weich ist, etwas Paniermehl untermischen.
- Rezept zur Resteverwertung von trocken gewordenen Brötchen, Toastscheiben oder Baguette geeignet.

Variante
Für **Speckknödel** geben Sie nach dem 2. Arbeitsschritt zusätzlich 120 g Schinkenwürfel zu, die dann kurz mit den Zwiebeln angedünstet werden.

Beilagen

3 Tomatenreis

Zutaten

1 Zwiebel, halbiert
2 Knoblauchzehen
200 g Tomaten, frisch oder aus der Dose
50 g Olivenöl
400 g Langkornreis (nicht parboiled)
2 TL Salz
1200 g Wasser

Gesamtzeit: 28 Min.
Arbeitszeit: 5 Min.
8 Portionen
einfach
pro Portion: Eiweiß 4 g; Kohlenhydrate 40 g; Fett 7 g
kJ 990; kcal 236

Zubereitung

1. Zwiebeln, Knoblauch und Tomaten in den Mixtopf geben und **5 Sek./Stufe 5** zerkleinern.
2. Olivenöl zugeben und **5 Min./Varoma/Stufe 1** dünsten.
3. Reis, Salz und Wasser zugeben und **17 Min./100°/↺/Stufe 1** garen. Sofort servieren als Beilage zu Fisch.

Variante
Beim 2. Schritt können Sie auch noch 50 g gewürfelte getrocknete Tomaten zugeben.

4 Kartoffelpüree italienische Art

Zutaten

1000 g mehlig kochende Kartoffeln, geschält, in Stücken
½–1 TL Salz
350 g Milch
30 g Butter
30 g Parmesan, gerieben

Gesamtzeit: 30 Min.
Arbeitszeit: 8 Min.
4 Portionen
einfach
pro Portion: Eiweiß 10 g; Kohlenhydrate 41 g; Fett 12 g
kJ 1354; kcal 323

Zubereitung

1. **Rühraufsatz einsetzen.** Kartoffeln, Salz und Milch in den Mixtopf geben und **25 Min./100°/Stufe 1** garen.
2. Butter und Parmesan zugeben und **30 Sek./Stufe 3** pürieren. **Rühraufsatz entfernen.** Püree heiß servieren.

Beilagen

Tipps
- Mehlig kochende Kartoffeln eignen sich besonders gut für Püree.
- Wenn die Milch zu sehr in den Mixtopfdeckel hoch kocht, die Temperatur auf 90 °C reduzieren. Falls nötig, noch etwas Milch zugeben und die Garzeit verlängern.

5 Kartoffel-Gemüse-Püree

Gesamtzeit: 40 Min.
Arbeitszeit: 10 Min.
4 Portionen
einfach
pro Portion: Eiweiß 6 g;
Kohlenhydrate 31 g; Fett 8 g
kJ 950; kcal 227

Zutaten

600 g Wasser
650 g mehlig kochende Kartoffeln, in Stücken
350 g Gemüse, z. B. Möhren, in Stücken
200 g Milch
½ TL Salz
1 Prise Muskat
30 g Butter

Zubereitung

1. Wasser in den Mixtopf geben, Gareinsatz einsetzen und Kartoffeln einwiegen. Gemüse in den Varoma legen, aufsetzen und **30 Min.**/**Varoma**/**Stufe 1** garen. Varoma und Gareinsatz zur Seite stellen und Mixtopf leeren.
2. Gegartes Gemüse, Milch, Salz und Muskat in den Mixtopf geben, erst **2 Min.**/**100°**/**Stufe 2** erwärmen und dann **30 Sek.**/**Stufe 10** pürieren.
3. Kartoffeln und Butter zugeben, 2 **Sek.**/**Stufe 4** pürieren und heiß als Beilage servieren.

Tipps
- Für ein Püree mit stückigem Gemüse im 2. Arbeitsschritt nur auf Stufe 6 pürieren.
- Falls das Püree zu fest ist, etwas Milch oder Garflüssigkeit zugeben.

Variante
Für verschiedenfarbige **Pürees** die Gemüsesorte variieren. Nehmen Sie anstelle der Möhren andere Gemüse (350 g, in Stücken), z.B. Pastinake, weiße Rüben, Sellerie, Kürbis, Kohlrabi, Rote Bete, Blumenkohl oder Brokkoli. Wenn Sie gekochte Rote Bete verwenden, diese in Stücke schneiden oder gefrorene Erbsen in den Varoma legen und erst 15 Minuten später aufsetzen. Frischen Spinat (nur die Blätter, in Streifen geschnitten) in den Varoma legen und erst 22 Minuten später aufsetzen. Dann wie im Rezept beschrieben fortfahren.

Beilagen

6 Ratatouille

Gesamtzeit: 46 Min.
Arbeitszeit: 10 Min.

4 Portionen

einfach

pro Portion: Eiweiß 3 g;
Kohlenhydrate 9 g; Fett 6 g
kJ 423; kcal 100

Zutaten

120 g Zwiebeln, halbiert
1 Schalotte
2 Knoblauchzehen
20 g Olivenöl
200 g Zucchini, in Scheiben (1 cm)
300 g Auberginen, in mundgerechten Stücken
300 g Tomaten, reif, in mundgerechten Stücken
100 g rote Paprika, in mundgerechten Stücken
1 EL gemischte Kräuter, getrocknet (z. B. Thymian, Rosmarin, Majoran, Basilikum, Petersilie)
1 TL Salz
2 Prisen schwarzer Pfeffer, frisch gemahlen

Zubereitung

1. Zwiebeln, Schalotte und Knoblauch in den Mixtopf geben, **7 Sek./Stufe 5** zerkleinern und mit dem Spatel nach unten schieben.
2. Öl zugeben und **5 Min./Varoma/Stufe** dünsten.
3. Gemüse, gemischte Kräuter, Salz und Pfeffer zugeben, **30 Min./100°/Stufe** garen und in einer Schüssel servieren.

Tipps

- Servieren Sie Ratatouille zu gebratenem Fleisch oder Fisch; es passt aber auch vorzüglich zu Nudeln als vegetarisches Gericht. Bestreuen Sie es mit etwas geriebenem Parmesan.
- Sie können die Gemüsesorten variieren, je nachdem, was Sie gerade vorrätig haben.

Variante

Ratatouille mit Streusel: Für die Streusel geben Sie 150 g Mehl, 75 g Butter in Stücken, 1 TL Salz und gemischte getrocknete Kräuter (nach Wunsch) in den Mixtopf und vermischen alles **50 Sek./Stufe 3** zu Streuseln. Reduzieren Sie die Gemüse-Garzeit im 3. Schritt auf 20 Minuten, geben Sie das Ratatouille in eine Auflaufform, verteilen Sie die Streusel darüber und backen es im auf 220 °C vorgeheizten Backofen ca. 20 Minuten, bis die Streusel goldbraun sind.

Beilagen

7 Spargel mit Kartoffeln

Zutaten

500 g Wasser
1 TL Salz
1 Prise Zucker
600 g Kartoffeln, klein, gut gewaschen
1000 g Spargel, weiß oder grün, geschält

Gesamtzeit: 45 Min.
Arbeitszeit: 15 Min.
4 Portionen
einfach
pro Portion: Eiweiß 8 g; Kohlenhydrate 27 g; Fett 1 g
kJ 632; kcal 152

Zubereitung

1. Wasser, Salz und Zucker in den Mixtopf geben, Gareinsatz einsetzen, Kartoffeln einwiegen und Spargel über Kreuz in den Varoma legen.
2. Varoma aufsetzen und **ca. 25–30 Min./Varoma/Stufe 1** garen. Testen, ob der Spargel gar ist, und ggf. Garzeit verlängern (ist von der Spargeldicke und -sorte abhängig). Spargel mit den kleinen Kartoffeln als Beilage mit kurz gebratenem Fleisch oder Schinken servieren.

Dampfgaren

Füllen Sie 500 g Wasser oder Brühe in den Mixtopf für eine Garzeit bis zu 30 Minuten; bei einer längeren Garzeit geben Sie je zusätzlicher ¼ Stunde 250 g mehr Flüssigkeit zu. Sie können auch Kräuter und Gewürze zum Aromatisieren zugeben. Dampfgaren Sie die **angegebene Zeit/Varoma/Stufe 1**.

Gemüse	Menge	(Dampf) Garzeit	Bemerkung
Brokkoliröschen	800 g	15–18 Min.	
Kohl	800 g	25–30 Min.	verschiedene Sorten, in Streifen
Möhren	800 g	28–32 Min.	in Scheiben (0,5 cm)
Blumenkohlröschen	800 g	20–25 Min.	
Fenchel	800 g	30–40 Min.	geviertelt
Grüne Bohnen	800 g	25–30 Min.	ganz
Paprika	500 g	15–18 Min.	in Streifen (1 cm)

Tipp
Sauce Hollandaise oder geschmolzene Butter dazu reichen.

Spargelschäler

Beilagen

Diese Garzeiten können variieren, abhängig von der Qualität und dem Reifegrad der Zutaten und natürlich von Ihrem persönlichen Geschmack. Verwenden Sie tiefgefrorene Produkte, verlängert sich die Garzeit. Sie können den Garzustand jederzeit prüfen, indem Sie den Drehzahlwähler auf Mixtopf geschlossen oder offen (⊐ oder ⊐) drehen und den Varoma vorsichtig öffnen.

Saucen, Dips & Brotaufstriche

Warme Saucen geben dem Hauptgang den letzten Schliff. Exquisite Dips und Brotaufstriche werden kalt genossen. Die Geschmäcker sind verschieden, deshalb sind auch die Rezepte so unterschiedlich wie Pesto mit Basilikum, Salat-Dressings, Tzatziki, Erdnussdip, Hummus oder Kiwi-Bananen-Konfitüre.

1	Béchamelsauce	Seite 178
2	Sauce Hollandaise 🇫🇷	Seite 178
3	Tomatensauce 🇮🇹	Seite 180
4	Pesto mit Basilikum 🇮🇹	Seite 180
5	Salat-Dressings (Varianten)	Seite 182
6	Aioli ohne Ei 🇪🇸	Seite 184
7	Mayonnaise mit Kräutern ohne Ei	Seite 185
8	Ketchup	Seite 186
9	Tzatziki 🇬🇷	Seite 188
10	Kräuterschmand 🇩🇪	Seite 188
11	Mojo feurig rot 🇪🇸	Seite 190
12	Mojo grün 🇪🇸	Seite 190

13 *Tapenade*

🇫🇷 Seite 192

14 *Erdnussdip*

🇹🇭 Seite 194

15 *Hummus*

Seite 196

16 *Frischkäse-Aufstrich*

Seite 198

17 *Mango-Chutney*

🇮🇳 Seite 200

18 *Himbeerkonfitüre*

🇩🇪 Seite 202

19 *Kiwi-Bananen-Konfitüre*

Seite 204

20 *Pflaumenaufstrich*

Seite 206

21 *Haselnuss-Schoko-Creme*

🇵🇹 Seite 206

22 *Lemon Curd*

🇬🇧 Seite 208

23 *Vanillesauce*

🇦🇹 Seite 208

Saucen, Dips und Brotaufstriche

1 Béchamelsauce

Zutaten

40 g Butter
40 g Mehl
500 g Milch
½ TL Salz
2 Prisen Pfeffer
2 Prisen Muskat

Gesamtzeit: 15 Min.
Arbeitszeit: 3 Min.
6 Portionen
einfach
pro Portion: Eiweiß 3 g;
Kohlenhydrate 9 g; Fett 9 g
kJ 529; kcal 126

Zubereitung

1. Butter in den Mixtopf geben und **3 Min./100°/Stufe 1** schmelzen.
2. Mehl zugeben und **3 Min./100°/Stufe 1** anschwitzen.
3. Die übrigen Zutaten zugeben, **6 Min./90°/Stufe 4** garen und sofort servieren.

> **Tipp**
> In den ersten beiden Schritten wird eine Mehlschwitze hergestellt, die auch als Grundlage für andere Saucen verwendet werden kann.

2 Sauce Hollandaise

Zutaten

130 g Butter, in Stücken
50 g Weißwein
1 EL Zitronensaft
½ TL Salz
1 Prise Pfeffer
4 Eigelb

Gesamtzeit: 10 Min.
Arbeitszeit: 4 Min.
4 Portionen
einfach
pro Portion: Eiweiß 3 g;
Kohlenhydrate 0 g; Fett 33 g
kJ 1355; kcal 324

Zubereitung

1. **Rühraufsatz einsetzen.** Alle Zutaten in den Mixtopf geben, **5–6 Min./70°/Stufe 2** aufschlagen und sofort servieren.

> **Tipps**
> - Wenn die Sauce gerinnt, 2–3 Esslöffel Weißwein oder Wasser zugeben und **30 Sek./Stufe 2** verrühren.
> - Sauce Hollandaise passt hervorragend zu Spargel aus dem Varoma und kleinen Kartoffeln, Gemüse oder Fisch. Garen Sie zuerst das Gericht (siehe dazu die Dampfgar-Tabelle, Seite 172), bereiten Sie anschließend die Sauce zu.

> **Varianten**
> - Eine **Sauce Maltese** erhalten Sie, wenn Sie den Zitronensaft durch Orangensaft ersetzen.
> - Für Kinder ersetzen Sie den Weißwein durch Wasser.

Saucen, Dips und Brotaufstriche

3 Tomatensauce

Zutaten

1000 g Tomaten, geviertelt, gut abgetropft
1 Zwiebel, in Stücken
1 Knoblauchzehe
1 Staudensellerie, in Stücken
6 Stängel Petersilie, abgezupft
5 Basilikumblätter
2 Stängel Thymian, nur die Blättchen, oder 1 Prise getrocknet
2 Stängel Majoran, nur die Blättchen, oder 1 Prise getrocknet
1 TL Salz

Gesamtzeit: 35 Min.
Arbeitszeit: 5 Min.
6 Portionen
einfach
pro Portion: Eiweiß 2 g; Kohlenhydrate 5 g; Fett 8 g kJ 153; kcal 36

Zubereitung

1. Tomaten, Zwiebeln, Knoblauch und Staudensellerie in den Mixtopf geben und **30 Min./Varoma/↻/Stufe 1** ohne Messbecher garen, dabei den Gareinsatz auf den Mixtopfdeckel stellen.
2. Kräuter und Salz durch die Deckelöffnung zugeben, 2 Minuten warten, Messbecher einsetzen und **1 Min./Stufe 8** pürieren.
Heiß zu Nudeln oder als Sauce zu Gemüse servieren.

4 Pesto mit Basilikum

Zutaten

50 g Parmesan, in Stücken
30 g Pecorino, in Stücken
30 g Pinienkerne
1 Knoblauchzehe
80 g Basilikumblätter
150 g natives Olivenöl
½ TL Salz

Gesamtzeit: 8 Min.
Arbeitszeit: 7 Min.
12 Portionen
einfach
pro Portion: Eiweiß 3 g; Kohlenhydrate 1 g; Fett 18 g kJ 657; kcal 157

Zubereitung

1. Parmesan und Pecorino in den Mixtopf geben, **15 Sek./Stufe 10** zerkleinern und umfüllen.
2. Pinienkerne, Knoblauch, Basilikum und Olivenöl in den Mixtopf geben und **20 Sek./Stufe 7** zerkleinern.
3. Salz und geriebenen Käse zugeben und **20 Sek./Stufe 4** vermischen.
Als Sauce servieren oder zur Aufbewahrung in ein Glas füllen.

Schraubglas

Tipps

- Zur Konservierung Ihrer Tomatensauce gießen Sie die heiße Sauce direkt nach dem 2. Arbeitsschritt in heiß ausgespülte Gläser mit Schraubverschluss, die Sie sofort verschließen. Drehen Sie die Gläser um und stellen Sie sie 10 Minuten auf die Deckel. Um die Haltbarkeit ganz sicher zu gewährleisten, konservieren Sie die Gläser anschließend noch im Backofen oder im (Einkoch-)Kessel.
- Fertige Tomatensauce aus Ihrem Vorrat hilft, wenn die Zeit zum Kochen einmal knapp ist.
- Ein geöffnetes Glas im Kühlschrank aufbewahren und innerhalb einer Woche verbrauchen.

Saucen, Dips und Brotaufstriche

Tipps

- Zu Spaghetti oder anderen Nudeln servieren. Soll das Pesto als Nudelsauce flüssiger sein, geben Sie 1–2 EL vom heißen Nudelwasser zu den Nudeln mit Pesto und vermischen Sie alles vor dem Servieren.
- Pesto lässt sich ca. einen Monat im Kühlschrank aufbewahren. Geben Sie es dazu in ein sauberes Schraubglas, bedecken Sie es mit Olivenöl und verschließen Sie es luftdicht.

5 Salat-Dressings (Varianten)

Zutaten

Senf-Balsamico-Dressing
240 g natives Olivenöl
50 g grobkörniger Senf
50 g Balsamicoessig
2 TL Zucker
2 EL Kräutermischung, getrocknet (z. B. Basilikum, Oregano, Thymian, Rosmarin)
1 TL Salz
¼ TL Pfeffer, frisch gemahlen

Orangen-Curry-Dressing
200 g Walnussöl oder ein anderes Nussöl
130 g Orangensaft, frisch gepresst
1 Stück Orangenschale (1 x 3 cm)
30 g Schalotten
20 g scharfer Senf
½ TL Curry
½ TL Salz
20 g Obstessig (z. B. Apfel, Pfirsich)

Joghurt-Dressing
400 g Naturjoghurt
20 g süßer Senf
100 g Sonnenblumenöl
50 g Zitronensaft
20 g Honig
100 g Apfelsaft oder ein anderer Fruchtsaft
½ TL Salz
1 Prise Pfeffer

Schraubglas

Gesamtzeit: 6 Min.
Arbeitszeit: 5 Min.
1 Glas
einfach
pro Glas*: Eiweiß 3 g; Kohlenhydrate 29 g; Fett 241 g kJ 9471; kcal 2260

*Senf-Balsamico-Dressing

Zubereitung

Senf-Balsamico-Dressing
1. Gefäß auf den Mixtopfdeckel stellen, Olivenöl einwiegen und zur Seite stellen.
2. Alle übrigen Zutaten in den Mixtopf geben und **30 Sek./Stufe 4** vermischen.
3. Messbecher mit einer Hand festhalten, damit er nicht vibriert, **3 Min./Stufe 4** emulgieren und dabei das Olivenöl auf den Mixtopfdeckel gießen. Dressing in ein Schraubglas füllen und kalt stellen.

Orangen-Curry-Dressing
1. Gefäß auf den Mixtopfdeckel stellen, Walnussöl einwiegen und zur Seite stellen.
2. Die übrigen Zutaten in den Mixtopf geben und **20 Sek./Stufe 8** zerkleinern.
3. Messbecher mit einer Hand fixieren, damit er nicht vibriert, **3 Min./Stufe 4** emulgieren und dabei das Walnussöl auf den Mixtopfdeckel gießen. Dressing in ein Schraubglas füllen und kalt stellen.

Joghurt-Dressing
1. Alle Zutaten in den Mixtopf geben und **10 Sek./Stufe 5** vermischen. Dressing in ein Schraubglas füllen und kalt stellen.

Orangen-Curry-Dressing: *Eiweiß 2 g; Kohlenhydrate 14 g; Fett 200 g; kJ 7753; kcal 1851*
Joghurt-Dressing: *Eiweiß 14 g; Kohlenhydrate 44 g; Fett 116 g; kJ 5378; kcal 1286*

Tipps
- Sparen Sie Zeit, indem Sie gleich größere Menge Dressing herstellen. Geben Sie etwas Dressing an grünen Blattsalat oder an Rohkostsalate.
- Seien Sie kreativ und erfinden Sie Ihre eigenen Dressings. Versuchen Sie verschiedene Öl- und Essigsorten, geben Sie verschiedene Kräuter und Gewürze Ihrer Wahl zu.

Saucen, Dips und Brotaufstriche

6 Aioli ohne Ei

Gesamtzeit: 9 Min.
Arbeitszeit: 2 Min.

10 Portionen

mittel

pro Portion: Eiweiß 0 g; Kohlenhydrate 1 g; Fett 30 g
kJ 1140; kcal 272

Zutaten

300 g Sonnenblumenöl
20 g Zitronensaft
50 g Knoblauchzehen, geschält
1 TL Salz

Zubereitung

1. Gefäß auf den Mixtopfdeckel stellen, 250 g Sonnenblumenöl einwiegen und zur Seite stellen.
2. Zitronensaft, Knoblauch, 50 g Sonnenblumenöl und Salz in den Mixtopf geben, **3 Min./Stufe 5** zerkleinern und mit dem Spatel nach unten schieben.
3. **Rühraufsatz einsetzen**. Messbecher einsetzen und mit der Hand festhalten, damit er nicht vibriert, **4 Min./Stufe 2–3** rühren, während das Öl langsam auf den Mixtopfdeckel gegossen wird. Aioli in eine Schüssel umfüllen und bis zum Servieren kalt stellen.

Variante
Anstelle des Sonnenblumenöls kann auch ein mildes Olivenöl verwendet werden.

Tipps
- Die Konsistenz der Aioli ist richtig, wenn ein Teelöffel darin stehen bleibt.
- Mit Brot als Vorspeise servieren oder als Sauce zu Fisch oder Fleisch.
- Hält sich im Kühlschrank einige Tage.

7 Mayonnaise mit Kräutern ohne Ei

Gesamtzeit: 7 Min.
Arbeitszeit: 4 Min.

12 Portionen

mittel

pro Portion: Eiweiß 0 g;
Kohlenhydrate 1 g; Fett 25 g
kJ 960; kcal 229

Zutaten

300 g Sonnenblumenöl
10 g frische Kräuter, ohne Stiele
150 g Milch
½ TL Salz
1 EL Zitronensaft

Zubereitung

1. Gefäß auf den Mixtopfdeckel stellen, Sonnenblumenöl einwiegen und zur Seite stellen.
2. Kräuter in den Mixtopf geben, **3 Sek./Stufe 8** zerkleinern und umfüllen.
3. Milch und Salz in den Mixtopf geben und **1 Min./37°/Stufe 4** erwärmen.
4. Messbecher mit der Hand festhalten, damit er nicht vibriert, **3 Min./37°/Stufe 5** rühren und währenddessen das Öl langsam auf den Mixtopfdeckel gießen.
5. Gehackte Kräuter und Zitronensaft zugeben, **10 Sek./Stufe 3** vermischen, umfüllen und bis zum Servieren kalt stellen.

Variante
Wenn Sie die Kräuter weglassen, haben Sie eine eifreie Basismayonnaise. Diese können Sie nach Wunsch mit Gewürzen wie Curry oder Paprika verfeinern.

Saucen, Dips und Brotaufstriche

8 Ketchup

Zutaten

1000 g Tomaten, reif, geviertelt
180 g rote Paprika, in Stücken
130 g rote Zwiebeln, halbiert
2 Knoblauchzehen
100 g Rotweinessig
1 Prise Muskat
10 Senfkörner
10 schwarze Pfefferkörner
1 Lorbeerblatt
1 TL Paprika rosenscharf
1 Prise Cayenne-Pfeffer
1 TL Salz
100 g Honig

Gesamtzeit: 1 Std. 12 Min.
Arbeitszeit: 10 Min.

2 Gläser

einfach

pro Glas: Eiweiß 8 g;
Kohlenhydrate 62 g; Fett 2 g
kJ 1335; kcal 317

Zubereitung

1. Tomaten, Paprika, Zwiebeln, Knoblauch und 50 g Rotweinessig in den Mixtopf geben und **5 Sek./Stufe 7** zerkleinern.
2. Mischung **40 Min./Varoma/Stufe 2** ohne Messbecher einkochen und dabei den Gareinsatz als Spritzschutz auf den Mixtopfdeckel stellen.
3. Restlichen Rotweinessig, Gewürze und Honig zugeben, **15–20 Min./Varoma/Stufe 2** einkochen, bis die Mischung dickflüssig und gebunden ist. Gareinsatz zur Seite stellen und Messbecher einsetzen.
4. Ketchup **1 Min./Stufe 10** pürieren, in Schraubgläser füllen, verschließen, 10 Minuten auf die Deckel stellen und abkühlen lassen.

Tipp
Im Kühlschrank drei Monate haltbar.

2 Schraubgläser

Saucen, Dips und Brotaufstriche

9 Tzatziki

Zutaten

350 g Salatgurken, geschält, entkernt, in Stücken
1 TL Salz
2–3 Knoblauchzehen
350 g Naturjoghurt
30 g Olivenöl
10 g Essig (nach Wunsch)
5 Stängel Dill, gehackt

Gesamtzeit: 16 Min.
Arbeitszeit: 5 Min.
6 Portionen
einfach
pro Portion: Eiweiß 2 g; Kohlenhydrate 4 g; Fett 7 g kJ 383; kcal 92

Zubereitung

1. Gurken und Salz in den Mixtopf geben, **3 Sek./Stufe 5** zerkleinern und zum Abtropfen 10 Minuten in den Gareinsatz geben. Gurken gut ausdrücken, damit die restliche Flüssigkeit abtropft.
2. Knoblauch in den Mixtopf geben und **3 Sek./Stufe 7** zerkleinern.
3. Gurken, Naturjoghurt, Olivenöl, evtl. Essig und Dill zugeben, **15 Sek./Stufe 3** mischen, umfüllen und bis zum Servieren kalt stellen.

Tipps
- Auf geröstetem Brot als Appetitanreger servieren. Zusammen mit Ouzo eine typisch griechische Vorspeise.
- Anstelle von Essig können Sie auch mit Zitronensaft abschmecken.

10 Kräuterschmand

Zutaten

8 Stängel frische Kräuter (z. B. Dill, Petersilie, Basilikum, Estragon etc.), abgezupft
200 g Schmand
1 Prise Pfeffer
1 TL Kräutersalz

Gesamtzeit: 5 Min.
Arbeitszeit: 4 Min.
4 Portionen
einfach
pro Portion: Eiweiß 2 g; Kohlenhydrate 2 g; Fett 5 g kJ 254; kcal 61

Zubereitung

1. Frische Kräuter in den Mixtopf geben und **3 Sek./Stufe 7** zerkleinern.
2. Die restlichen Zutaten zugeben, **5 Sek./Stufe 5** vermischen, umfüllen und als Dip servieren oder zu Reibekuchen reichen.

Tipp
Sie können auch Schnittlauchröllchen, die Sie mit der Schere schneiden, zum Kräuterschmand geben.

Tzatziki ist eine griechische Vorspeise, wird aber auch als Sauce zu Souvlaki und Gyros gereicht.

Saucen, Dips und Brotaufstriche

11 Mojo feurig rot

Zutaten

4 Knoblauchzehen
1 rote Chilischote (2 cm), frisch
1 TL Kreuzkümmelkörner
½ TL Salz
120 g natives Olivenöl
15 g Essig
1 EL Paprika edelsüß

Gesamtzeit: 6 Min.
Arbeitszeit: 3 Min.
6 Portionen
einfach
pro Portion: Eiweiß 0 g;
Kohlenhydrate 1 g; Fett 20 g
kJ 775; kcal 185

Zubereitung

1. Knoblauch, Chili und Kreuzkümmel in den Mixtopf geben und **20 Sek./Stufe 7** zerkleinern.
2. Salz, Öl, Essig und Paprika zugeben, **30 Sek./Stufe 5** vermischen, **2 Min./Stufe 10** homogenisieren und in eine Schüssel umfüllen.

Tipps
- **Mojo feurig rot:** Die Kreuzkümmelkörner (Cumin) können auch vorher in einer Pfanne ohne Öl angeröstet werden.
- **Mojo grün:** Wenn Sie einige Petersilienblätter zugeben, wird die Farbe besonders intensiv grün und der Koriander-Geschmack etwas neutralisiert.
- Mojos passen gut zu Fleisch und Fisch.

12 Mojo grün

Zutaten

2 Knoblauchzehen
20 g Koriander, frisch, ohne Stiele
½ TL Salz
120 g natives Olivenöl
15 g Essig

Gesamtzeit: 8 Min.
Arbeitszeit: 3 Min.
6 Portionen
einfach
pro Portion: Eiweiß 0 g;
Kohlenhydrate 1 g; Fett 20 g
kJ 751; kcal 179

Zubereitung

1. Knoblauch und Koriander in den Mixtopf geben und **10 Sek./Stufe 6** zerkleinern.
2. Salz, Olivenöl und Essig zugeben, **30 Sek./Stufe 5** vermischen, **2½ Min./Stufe 10** homogenisieren und in eine Schüssel umfüllen.

Diese Mojo-Sorten (gesprochen: Mocho) kommen von den Kanarischen Inseln und sind in Spanien sehr beliebt. Grüne und rote Mojos werden mit „Schrumpelkartoffeln" (papas arrugás) serviert.

Saucen, Dips und Brotaufstriche

Schrumpelkartoffeln (papas arrugás)
750 g Wasser und 2 EL grobes Salz in den Mixtopf geben. 1000 g kleine rote Kartoffeln (frisch gewaschen) und 100 g grobes Salz in den Varoma geben, aufsetzen, **30 Min./Varoma/Stufe 1** garen, danach das Salz abreiben und Kartoffeln servieren.

13 Tapenade

Gesamtzeit: 7 Min.
Arbeitszeit: 5 Min.

10 Portionen

einfach

pro Portion: Eiweiß 1 g;
Kohlenhydrate 1 g; Fett 17 g
kJ 673; kcal 161

Zutaten

50 g Sardellenfilets in Salz, aus dem Glas
80 g Olivenöl
1 Knoblauchzehe
200 g schwarze Oliven, entsteint
100 g Kapern in Essig
2 Stängel Thymian, nur die Blättchen, oder 1 TL getrockneten
30 g Zitronensaft
1 Prise Salz
Pfeffer, frisch gemahlen, nach Geschmack

Zubereitung

1. Sardellenfilets mit Wasser abspülen, um das Salz zu entfernen. Olivenöl in ein Gefäß einwiegen.
2. Knoblauch in den Mixtopf geben und **3 Sek./Stufe 5** zerkleinern.
3. Die übrigen Zutaten – außer Olivenöl – zugeben und **1 Min./Stufe 4** vermischen.
4. Messbecher mit der Hand fixieren, damit er nicht vibriert, **1 Min./Stufe 4** einstellen, dabei das Olivenöl auf den Mixtopfdeckel gießen und langsam auf das laufende Messer träufeln lassen. In eine Schüssel umfüllen und mit Salz und Pfeffer abschmecken.

Tipps

- Als Vorspeise auf geröstetem Brot servieren oder als Dip zu rohen Gemüsestiften.
- Im Kühlschrank bis zu 2 Wochen haltbar.

Saucen, Dips und Brotaufstriche

14 Erdnussdip

Gesamtzeit: 1 Std. 20 Min.
Arbeitszeit: 5 Min.

12 Portionen

einfach

pro Portion: Eiweiß 5 g;
Kohlenhydrate 7 g; Fett 14 g
kJ 722; kcal 173

Zutaten

1 rote Chilischote, frisch, klein, in Stücken
2 Knoblauchzehen
20 g Erdnuss- oder Kokosnussöl
160 g Erdnüsse, geröstet
400 g Kokosmilch
30 g Palmzucker
60 g Tamarindenmark oder -paste
20 g Fischsauce
1 EL Garnelenpaste
¼ TL Salz

Zubereitung

1. Chili und Knoblauch in den Mixtopf geben und **2 Sek./Stufe 7** zerkleinern.
2. Erdnussöl zugeben und **3 Min./Varoma/Stufe 1** andünsten.
3. Erdnüsse und Kokosmilch zugeben, **4 Min./Varoma/Stufe 1** kochen und dann **10 Min./80°/Stufe** ↺ garen.
4. Palmzucker, Tamarindenmark, Fischsauce, Garnelenpaste und Salz zugeben und **2 Min./100°/Stufe 1** garen.
5. Dip **1 Min./Stufe 10** pürieren, in eine Schüssel umfüllen und vor dem Servieren ganz abkühlen lassen.

Tipp
Dieser Erdnussdip passt gut zu Satéspießchen, frittiertem oder gegrilltem Fleisch und Fisch oder zu thailändischen Reisgerichten.

Saucen, Dips und Brotaufstriche

15 *Hummus*

Gesamtzeit: 7 Std.
Arbeitszeit: 10 Min.

8 Portionen

mittel

pro Portion: Eiweiß 6 g;
Kohlenhydrate 16 g; Fett 14 g
kJ 897; kcal 214

Zutaten

250 g Kichererbsen, getrocknet
1500 g Wasser
30 g Sesamkörner
2 Knoblauchzehen
20 g Sesamöl
60 g Olivenöl
50 g Zitronensaft
1 TL Salz
1 TL Paprika edelsüß
Cayenne-Pfeffer nach Geschmack

Zubereitung

1. Kichererbsen mit 500 g Wasser in einer Schüssel 6–8 Stunden einweichen und abgießen.
2. Sesamkörner in den Mixtopf geben, **6 Min./Varoma/↺/Stufe 1** rösten, **30 Sek./Stufe 9** pulverisieren und umfüllen.
3. Kichererbsen und 1000 g Wasser in den Mixtopf geben und **40 Min./100°/↺/Stufe 1** garen. Gareinsatz einhängen, mit dem Spatel im Mixtopf festhalten und Garflüssigkeit in eine Schüssel abgießen. Gareinsatz entfernen.
4. 100 g Garflüssigkeit und 1 Knoblauchzehe zugeben und **1 Min./Stufe 7** mixen.
5. Pulverisierten Sesam und die übrigen Zutaten zugeben und **20 Sek./Stufe 4** vermischen. Servieren Sie Hummus als Vorspeise, Dip mit Pita oder als Bestandteil von Falafel, zu gegrillten Auberginen, Fisch oder Hühnchen.

Varianten
- Falls der Hummus zu fest ist, etwas mehr Garflüssigkeit zugeben.
- Schnelle Version: Nehmen Sie 400 g vorgekochte Kichererbsen (aus der Dose), dadurch sparen Sie das Einweichen und die Garzeit. Geben Sie 30 g Tahini (Sesampaste) anstelle der Sesamkörner zu, dann entfällt auch der 2. Arbeitsschritt.

Im Mittleren Osten ist Hummus sehr beliebt. Jedes Land hat seine eigene Variante.

Saucen, Dips und Brotaufstriche

16 Frischkäse-Aufstrich

Gesamtzeit: 10 Min.
Arbeitszeit: 10 Min.

20 Portionen

einfach

pro Portion: Eiweiß 3 g; Kohlenhydrate 1 g; Fett 5 g kJ 254; kcal 61

Zutaten

- 1–2 Knoblauchzehen
- 80 g rote Paprika, in Stücken
- 80 g gelbe Paprika, in Stücken
- 100 g Salatgurke, entkernt, in Stücken
- 400 g Frischkäse, vollfett oder fettreduziert
- ¼ TL Curry
- ½ TL Paprika rosenscharf
- ½ TL Salz
- ¼ TL Pfeffer

Zubereitung

1. Knoblauch in den Mixtopf geben und **5 Sek./Stufe 5** zerkleinern.
2. Paprika und Gurke zugeben und **5 Sek./Stufe 5** zerkleinern. Gareinsatz einsetzen, mit dem Spatel im Mixtopf festhalten und die Flüssigkeit absieben. Gareinsatz entfernen.
3. Frischkäse und Gewürze in den Mixtopf geben, **10–15 Sek./Stufe 2** mithilfe des Spatels vermischen, umfüllen und bis zum Servieren abgedeckt kalt stellen.

Tipps
- Als Brotaufstrich auf Brot und Bagels oder als Dip zum Grillen servieren. Er passt gut zu Pellkartoffeln, Gemüsesticks oder Crackern.
- Im Kühlschrank hält er sich eine Woche. Sie können das Rezept auch halbieren.

Varianten
- Kreieren Sie Ihren eigenen Lieblings-Fischkäseaufstrich. Dazu zerkleinern Sie zuerst die Geschmackszutaten (z. B. Gemüse, Obst, geräucherten Schinken oder Fisch) und vermischen sie dann mit Frischkäse und Gewürzen.
- **Porree-Aufstrich:** 50 g Schalotten und 50 g Porree in Stücken in den Mixtopf geben und **5 Sek./Stufe 5** zerkleinern; Frischkäse, 1¼ TL Kräutersalz und 1 Prise Pfeffer zugeben und **10–15 Sek./Stufe 2** vermischen.
- **Kräuter-Aufstrich:** Vermischen Sie frische oder gefrorene Kräuter und Gewürze Ihrer Wahl mit Frischkäse.

Saucen, Dips und Brotaufstriche

17 Mango-Chutney

Gesamtzeit: 1 Std. 20 Min.
Arbeitszeit: 10 Min.

2 Gläser

einfach

pro Glas: Eiweiß 5 g;
Kohlenhydrate 205 g; Fett 2 g
kJ 3720; kcal 889

Zutaten

- 1 EL Szechuanpfeffer
- 2 Knoblauchzehen
- 10 g Ingwer, in dünnen Scheiben
- 80 g Zwiebeln, halbiert
- 20 g Wasser
- 250 g Vollrohrzucker
- 700 g Mangos, geschält, entkernt, in Stücken
- 120 g Essig
- 1 TL Salz
- ½ TL Kurkuma
- 100 g Sultaninen

Zubereitung

1. Szechuanpfeffer in den Mixtopf geben, **6 Min./Varoma/↺/Stufe 1** rösten, dann **25 Sek./Stufe 10** zerkleinern und umfüllen.
2. Knoblauch und Ingwer in den Mixtopf geben, **2 Sek./Stufe 8** zerkleinern und mit dem Spatel nach unten schieben.
3. Zwiebeln zugeben, **3 Sek./Stufe 5** zerkleinern und umfüllen.
4. Wasser und Vollrohrzucker in den Mixtopf geben und **5 Min./100°/Stufe 1** erhitzen.
5. Szechuanpfeffer, Ingwer-Zwiebel-Mischung, Mangos, Essig, Salz, Kurkuma und Sultaninen zugeben und **45 Min./100°/Stufe 1** ohne Messbecher garen, dabei Gareinsatz als Spritzschutz auf den Mixtopfdeckel stellen.
6. Gareinsatz zur Seite stellen, Messbecher einsetzen, **10 Sek./Stufe 4** vermischen, in zwei heiß ausgespülte Schraubgläser füllen, sofort verschließen und 10 Minuten auf die Deckel stellen.

Tipps
- Als Dip mit Brot oder Käse oder als würzige Sauce zu frittiertem Fleisch oder Fisch reichen.
- Angebrochene Gläser im Kühlschrank aufbewahren.

2 Schraubgläser

Variante
Nach diesem Grundrezept können Sie auch Chutneys von Äpfeln, Pfirsichen, Pflaumen oder Papayas zubereiten.

Saucen, Dips und Brotaufstriche

18 Himbeerkonfitüre

Gesamtzeit: 40 Min.
Arbeitszeit: 15 Min.

3 Gläser

einfach

pro Glas: Eiweiß 4 g; Kohlenhydrate 179 g; Fett 1 g kJ 3260; kcal 768

Zutaten

1000 g Himbeeren oder gemischte Beeren

Geliermittel: Gelierzucker
500 g Gelierzucker 2 : 1 (Obst : Zucker)

Alternatives Geliermittel: Apfelpektin
1 TL Zitronensaft
50 g Apfelpektin (nach Packungsangabe)
500 g Zucker

Zubereitung

Geliermittel: Gelierzucker

1. Himbeeren in den Mixtopf geben und **5 Sek./Stufe 5** zerkleinern.
2. Zucker zuwiegen und **14 Min./100°/Stufe 2** kochen.
3. Gelierprobe machen, Konfitüre in heiß ausgespülte Schraubgläser füllen, sofort verschließen und 10 Minuten auf die Deckel stellen.

Geliermittel: Apfelpektin

1. Himbeeren in den Mixtopf geben, **5 Sek./Stufe 5** zerkleinern und **10 Min./100°/Stufe 2** kochen.
2. Zitronensaft und Apfelpektin zugeben, **5 Sek./Stufe 3** vermischen und **2 Min./100°/Stufe 2** kochen.
3. Zucker zugeben, **10 Sek./Stufe 3** mischen und **5 Min./100°/Stufe 2** kochen.
4. Gelierprobe machen, Konfitüre in heiß ausgespülte Schraubgläser füllen, sofort verschließen und 10 Minuten auf die Deckel stellen.

Tipps

- Hinweise zur Gelierprobe und weitere Tipps finden Sie auf Seite 204.
- Angebrochene Konfitüre im Kühlschrank aufbewahren und innerhalb eines Monats verbrauchen.

3 Schraubgläser

Saucen, Dips und Brotaufstriche

Varianten
- Auf der Basis dieses Rezepts können Sie alle Früchte Ihrer Wahl zu Konfitüre verarbeiten. Abhängig vom Eiweißgehalt der Früchte kann Konfitüre in den Mixtopfdeckel hoch kochen. In diesem Fall reduzieren Sie die Temperatur auf 90 °C.
- Wenn Sie Apfelpektin oder Agar-Agar als Geliermittel verwenden, können Sie Ihr bevorzugtes Süßungsmittel frei wählen, z. B. weißen oder braunen Zucker, Honig oder Fruchtzucker. Geringe Mengen oder gar der Verzicht auf Zucker kann die Haltbarkeit der Konfitüre verringern.

19 Kiwi-Bananen-Konfitüre

Zutaten

350 g Kiwis, geschält, in Stücken
150 g Bananen, geschält, in Stücken
1 TL Zitronensaft
250 g Zucker
1 gestr. TL Agar-Agar

Gesamtzeit: 15 Min.
Arbeitszeit: 10 Min.

2 Gläser

einfach

pro Glas: Eiweiß 3 g;
Kohlenhydrate 159 g; Fett 1 g
kJ 2838; kcal 678

2 Schraubgläser

Zubereitung

1. Kiwis, Bananen und Zitronensaft in den Mixtopf geben und **7 Sek./Stufe 4** zerkleinern.
2. Zucker und Agar-Agar zugeben und **8 Min./100°/⇆/Stufe 2** kochen.
3. Gelierprobe machen, in zwei heiß ausgespülte Schraubgläser füllen, verschließen und 10 Minuten auf die Deckel stellen.

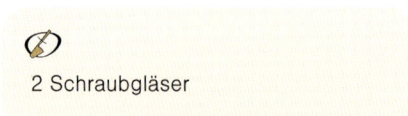

Tipps

- Gelierprobe: Legen Sie einen kleinen Teller in den Gefrierschrank, bevor Sie mit der Konfitürenzubereitung beginnen. Geben Sie einen Teelöffel Konfitüre auf den kalten Teller, abkühlen lassen und dann leicht mit einem Finger drücken. Wenn die Konfitüre jetzt faltig wird, ist sie fertig. Wenn nicht, einfach noch weitere 2 Minuten kochen und den Test wiederholen. Falls Sie Agar-Agar oder Apfelpektin haben, kann es erforderlich sein, davon noch etwas hinzuzufügen.
- Um die Haltbarkeit zu gewährleisten, waschen Sie die Konfitürengläser gründlich in heißem Wasser mit Spülmittel und trocknen Sie sie in einem warmen Backofen oder spülen Sie sie im Geschirrspüler. Gießen Sie die Konfitüre in die noch warmen Gläser.
- Wenn Sie Konfitüre ohne Stückchen bevorzugen, garen Sie ohne ⇆ und pürieren Sie anschließend auf **Stufe 8**.
- Angebrochene Konfitürengläser können Sie bis zu einem Monat im Kühlschrank aufbewahren.

Varianten

- Für eine **Aprikosenkonfitüre** geben Sie 500 g entkernte Aprikosen in den Mixtopf, zerkleinern sie **3 Sek./Stufe 5**, geben 250 g Honig und 1 gestrichenen TL Agar-Agar zu und garen **8 Min./100°/⇆/Stufe 2**. Verfahren Sie weiter wie oben beschrieben.
- Nach diesem Muster-Rezept können Sie Obst Ihrer Wahl verwenden. Je nach Eiweißgehalt des Obstes kann es sein, dass die Konfitüre in den Mixtopfdeckel hoch kocht. In diesem Fall reduzieren Sie die Temperatur auf 90°C.
- Wenn Sie Apfelpektin oder Agar-Agar verwenden, sind Sie frei in der Wahl des Süßungsmittels. Verwenden Sie zum Beispiel braunen Zucker, Fruchtzucker oder Honig. Durch geringe Zuckermengen kann sich die Haltbarkeit einer Konfitüre verringern.

Saucen, Dips und Brotaufstriche

20 Pflaumenaufstrich

Zutaten

600 g Pflaumen, halbiert, entsteint
100 g Zucker

Gesamtzeit: 30 Min.
Arbeitszeit: 15 Min.

2 Gläser

einfach

pro Glas: Eiweiß 2 g;
Kohlenhydrate 80 g; Fett 1 g
kJ 1426; kcal 341

Zubereitung

1. Pflaumen in den Mixtopf geben und **30 Sek./Stufe 4** zerkleinern.
2. Zucker zugeben und **20 Min./100°/Stufe 2** kochen.
3. Fruchtmus **20 Sek./Stufe 7–8** pürieren, in zwei heiß ausgespülte Schraubgläser füllen, sofort verschließen und 10 Minuten auf den Deckel stellen. Abkühlen lassen, bevor die Gläser zur Aufbewahrung in den Kühlschrank gestellt werden.

ⓘ Tipps
- Dieser Pflaumenaufstrich ist lecker auf Toast oder Brot und passt gut zu Desserts wie Germknödeln und Pfannkuchen.
- Er hält sich im Kühlschrank einige Wochen.

2 Schraubgläser

21 Haselnuss-Schoko-Creme

Zutaten

90 g Zucker
130 g Haselnüsse
60 g dunkle Schokolade, in Stücken
70 g Butter, weich
100 g Milch

Gesamtzeit: 2 Std.
Arbeitszeit: 4 Min.

1 Glas

einfach

pro Glas: Eiweiß 23 g;
Kohlenhydrate 134 g; Fett 161 g
kJ 8678; kcal 2073

Zubereitung

1. Zucker in den Mixtopf geben und **10 Sek./Stufe 9** pulverisieren.
2. Haselnüsse zugeben und **20 Sek./Stufe 9** zerkleinern.
3. Schokolade zugeben, **20 Sek./Stufe 9** zerkleinern und mit dem Spatel nach unten schieben.
4. Butter und Milch zugeben, **3 Min./50°/Stufe 2** schmelzen, in ein sauberes Schraubglas füllen und vor dem Gebrauch 2 Stunden im Kühlschrank fest werden lassen.

ⓘ Tipps
- Genießen Sie Haselnuss-Schoko-Creme auf gebuttertem Toastbrot, Crêpes oder Pfannkuchen.
- Zum Trinken schmelzen Sie 1–2 TL dieser Creme in heißer Milch.
- Im Kühlschrank aufbewahren.

Schraubglas

Saucen, Dips und Brotaufstriche

22 Lemon Curd

Zutaten

240 g Zucker
Zitronenschale von 2 Bio-Zitronen
120 g Butter, in Stücken
3 Eier
150 g Zitronensaft, frisch gepresst, von 3–5 Bio-Zitronen

Gesamtzeit: 1 Std.
Arbeitszeit: 8 Min.
1 Glas
einfach
pro Glas: Eiweiß 24 g; Kohlenhydrate 248 g; Fett 120 g
kJ 9250; kcal 2211

Tipps
- Lemon Curd hält sich im Kühlschrank bis zu 1 Monat.
- Dieser typisch britische Brotaufstrich schmeckt gut auf Toast, zu Desserts oder eignet sich als Füllung für Kuchen oder Kekse.

2 Schraubgläser

Zubereitung

1. Zucker in den Mixtopf geben und **15 Sek./Stufe 10** pulverisieren.
2. Zitronenschale zugeben und **20 Sek./Stufe 10** pulverisieren.
3. Butter, Eier und Zitronensaft zugeben und **20 Min./90°/Stufe 2** ohne Messbecher erhitzen.
4. Messbecher einsetzen, Lemon Curd **25 Sek./Stufe 6** vermischen, in 2 heiß ausgespülte Schraubgläser füllen und sofort verschließen. Nach dem Abkühlen im Kühlschrank aufbewahren.

23 Vanillesauce

Zutaten

300 g Milch
4 Eigelb
1 Prise Salz
50 g Zucker
½ Vanilleschote

Gesamtzeit: 8 Min.
Arbeitszeit: 3 Min.
4 Portionen
einfach
pro Portion: Eiweiß 6 g; Kohlenhydrate 16 g; Fett 9 g
kJ 702; kcal 167

Tipp
Warme Vanillesauce passt gut zu Schokoladeneis, Apfelstrudel oder Hefeklößen. Kalt schmeckt sie gut zu frischem Obst und Roter Grütze.

Zubereitung

1. **Rühraufsatz einsetzen.** Milch, Eigelb, Salz und Zucker in den Mixtopf geben.
2. Vanilleschote der Länge nach aufschlitzen, mit einem Messer das Mark heraus schaben, Mark und Schote in den Mixtopf zugeben und **6 Min./80°/↺/Stufe 4** erhitzen. Sauce in eine Schüssel gießen, Vanilleschote entfernen und warm oder kalt servieren.

Saucen, Dips und Brotaufstriche

1 *Zabaglione*

Seite 212

Desserts

Neben den Klassikern der Nachspeisenküche, wie Zabaglione, Schokoladenmousse und Eiscreme, finden Sie hier auch seltenere Spezialitäten: australische Pavlova beispielsweise oder Kokosnuss-Joghurt. Lassen Sie sich überraschen.

2 *Schokoladenpudding*

Seite 212

3 *Schokoladenmousse*

Seite 214

4 *Crema catalana*

Seite 216

5 *Milchreis*

Seite 218

6 *Rote Grütze*

Seite 218

7 *Pavlova*

Seite 220

8 *Apfel-Crumble*

Seite 222

9 *Mangoeis*

Seite 224

10 *Fruchteis*

Seite 226

11 *Zitronensorbet*

Seite 226

12 *Schokoladen- und Vanilleeiscreme*

Seite 228

13 *Natur- oder Kokosnuss-Joghurt*

Seite 230

Desserts

1 Zabaglione

Zutaten

60 g Marsala
60 g trockener Weißwein
120 g Zucker
120 g Eigelb, zimmerwarm
(etwa 6 Eigelb)

Gesamtzeit: 14 Min.
Arbeitszeit: 5 Min.

4 Portionen

einfach

pro Portion: Eiweiß 5 g;
Kohlenhydrate 30 g; Fett 10 g
kJ 1047; kcal 250

Tipps
- Zabaglione ist ein typisch italienisches Dessert. Es wird solo serviert oder als Sauce zu frischem Obst, Kompott oder Strudel.
- Anstelle von trockenem Marsala kann man je nach Geschmack auch trockenen Weißwein und für Kinder auch Traubensaft verwenden.

Zubereitung

1. **Rühraufsatz einsetzen.** Alle Zutaten in den Mixtopf geben und **9 Min./70°/Stufe 3** aufschlagen. **Rühraufsatz entfernen** und Zabaglione sofort in Dessertschälchen servieren.

2 Schokoladenpudding

Zutaten

50 g dunkle Schokolade, in Stücken
500 g Milch
20 g Zucker
20 g Speisestärke
1 Ei (nach Wunsch)

Gesamtzeit: 10 Min.
Arbeitszeit: 2 Min.

4 Portionen

einfach

pro Portion*: Eiweiß 7 g;
Kohlenhydrate 21 g; Fett 10 g
kJ 842; kcal 201

* wahlweise mit Ei

Tipps
- Um zu verhindern, dass sich beim Abkühlen des Puddings eine Haut bildet, legen Sie Frischhaltefolie direkt auf den Pudding.
- Das Rezept lässt sich einfach verdoppeln; dabei verlängert sich die Garzeit nur um ca. 3 Minuten.

Zubereitung

1. Schokolade in den Mixtopf geben und **10 Sek./Stufe 4** zerkleinern.
2. **Rühraufsatz einsetzen.** Die übrigen Zutaten zugeben und **7 Min./100°/Stufe 2–3** aufkochen. Pudding in Schüsselchen füllen und warm oder kalt servieren.

Desserts

Varianten
Bereiten Sie den Pudding mit Ihrer Lieblingsschokolade zu oder aromatisieren Sie mit Gewürzen wie z.B. Vanille oder Zimt. Noch schokoladiger wird der Pudding, wenn Sie 1 TL Kakaopulver zugeben.

3 Schokoladenmousse

Gesamtzeit: 3 Std. 20 Min.
Arbeitszeit: 15 Min.
6 Portionen
mittel
pro Portion: Eiweiß 7 g; Kohlenhydrate 32 g; Fett 20 g
kJ 1422; kcal 340

Zutaten

- 100 g Zucker
- 200 g Zartbitter-Schokolade, in Stücken
- 100 g Sahne, mindestens 30 % Fett
- 4 Eier
- 1 Prise Salz

Zubereitung

1. Zucker in den Mixtopf geben, **10 Sek./Stufe 10** pulverisieren und umfüllen.
2. Zartbitter-Schokolade in den Mixtopf geben, **15 Sek./Stufe 8** zerkleinern und mit dem Spatel nach unten schieben.
3. Puderzucker und Sahne zugeben und **4 Min./50°/Stufe 2** schmelzen.
4. Eier trennen, Eigelb in den Mixtopf zugeben, **15 Sek./Stufe 4** mischen und in eine Schüssel umfüllen. Mixtopf gründlich spülen.
5. **Rühraufsatz einsetzen**. Eiweiß und Salz in den Mixtopf geben und **5 Min./Stufe 3** steifschlagen. Geschlagenes Eiweiß zu der Schokoladenmischung geben und vorsichtig mit dem Spatel verrühren. Vor dem Servieren mindestens 3 Stunden kalt stellen.

ⓘ Tipps

- Aromatisieren Sie die Schokoladenmousse mit Orangenlikör oder Rum, indem Sie im 3. Arbeitsschritt 2–3 TL davon zugeben.
- Nach Geschmack können Sie zum Schluss auch kandierte Orangenstückchen oder Schokoladenchips zugeben.

Desserts

4 Crema catalana

Gesamtzeit: 1 Std. 20 Min.
Arbeitszeit: 10 Min.

8 Portionen

mittel

pro Portion: Eiweiß 8 g; Kohlenhydrate 43 g; Fett 12 g kJ 1327; kcal 317

Zutaten

- 1000 g Milch
- 10 Eigelb
- 260 g Zucker
- 40 g Speisestärke
- 1 TL Vanillezucker
- 1 Prise Salz
- Zitronenschale von 1 Bio-Zitrone
- 1 Zimtstange

Zubereitung

1. **Rühraufsatz einsetzen**. Milch, Eigelb, 200 g Zucker, Speisestärke, Vanillezucker und Salz in den Mixtopf geben und **15 Sek./Stufe 3** aufschlagen.
2. Zitronenschale und Zimtstange zugeben, **12 Min./90°/Stufe 2** erhitzen.
3. Zitronenschale und Zimtstange wieder entfernen. Mischung auf 8 hitzebeständige Dessertschälchen verteilen und auf Zimmertemperatur abkühlen lassen. 60 g Zucker darüberstreuen und mit einem Bunsenbrenner karamellisieren, bis der Zucker schmilzt und sich eine dünne braune Kruste bildet. Sofort servieren.

8 hitzebeständige Dessertschalen, Bunsenbrenner

Typisch spanische Nachspeise aus der Region Katalonien.

Desserts

5 Milchreis

Zutaten

1000 g Milch
50 g Zucker und etwas mehr
1 Prise Salz
220 g Milchreis

Gesamtzeit: 58 Min.
Arbeitszeit: 5 Min.
8 Portionen
einfach
pro Portion: Eiweiß 6 g; Kohlenhydrate 35 g; Fett 5 g kJ 863; kcal 206

Zubereitung

1. Milch, Zucker und Salz in den Mixtopf geben und **8 Min./100°/Stufe 1** ohne Messbecher aufkochen.
2. Milchreis zugeben, **30 Min./90°/Stufe 1** ohne Messbecher garen, in eine Schüssel umfüllen und 15 Minuten quellen lassen. Warm oder kalt, evtl. mit Zucker bestreut, servieren.

Tipps
- Rote Grütze dazu reichen.
- Soll der Milchreis süßer sein, Zucker oder eine Zimt-Zucker-Mischung darüberstreuen.
- Als süßes Hauptgericht reicht das Rezept für 3–4 Portionen.

6 Rote Grütze

Zutaten

600 g rote Beeren, gemischt, frisch
250 g Weißwein
10 g Rum
1 EL Speisestärke
50 g Zucker

Gesamtzeit: 15 Min.
Arbeitszeit: 10 Min.
8 Portionen
einfach
pro Portion: Eiweiß 1 g; Kohlenhydrate 12 g; Fett 0 g kJ 344; kcal 82

Zubereitung

1. 300 g Beeren, Weißwein, Rum, Speisestärke und Zucker in den Mixtopf geben, **10 Sek./Stufe 9** zerkleinern und **9 Min./100°/Stufe 3** erhitzen.
2. Die restlichen Beeren zugeben, **15 Sek./Stufe 2** verrühren, in eine Glasschüssel umfüllen und vor dem Servieren abkühlen lassen.

Tipps
- Geben Sie Rote Grütze auf Schälchen mit Milchreis oder reichen Sie Vanillesauce oder Eis zur Roten Grütze.
- Alternativ zu frischen Beeren können Sie auch gefrorene Beeren und Kirschen verwenden, die dann vorher aufgetaut werden.

Desserts

Varianten
- Für Kinder nehmen Sie 260 g Saft (Kirschsaft, Traubensaft, Apfelsaft) anstelle von Wein und Rum.
- Bereiten Sie das Rezept auch mit anderen Früchten (z. B. Kiwi, Ananas, Banane und Pfirsich) zu. Spielen Sie mit den Farben.

7 Pavlova

Zutaten

- 220 g Zucker
- 4 Eiweiß, zimmerwarm
- 1 Prise Salz
- ½ TL Weinstein-Backpulver
- 1 TL Vanillezucker
- 1 EL Speisestärke
- 1 TL Zitronensaft
- 300 g Sahne
- 250 g Himbeeren
- 6 Passionsfrüchte, halbiert, Fruchtfleisch ausgelöffelt

Gesamtzeit: 2 Std.
Arbeitszeit: 10 Min.
6 Portionen
mittel
pro Portion: Eiweiß 5 g; Kohlenhydrate 44 g; Fett 16 g
kJ 1466; kcal 351

Zubereitung

Baiser

1. Backofen auf 120 °C vorheizen.
2. Zucker in den Mixtopf geben, **3 Sek./Stufe 9** pulverisieren und umfüllen.
3. **Rühraufsatz einsetzen.** Eiweiß, Salz und Weinstein-Backpulver in den Mixtopf geben, **6 Min./Stufe 3** ohne Messbecher steifschlagen. Dann auf **Stufe 3** weiterschlagen und währenddessen Puder- und Vanillezucker teelöffelweise durch die Deckelöffnung auf das laufende Messer zugeben, bis der ganze Zucker untergerührt ist.
4. Mischung **1 Min./Stufe 3** schlagen und dabei Speisestärke und Zitronensaft durch die Deckelöffnung auf das laufende Messer zugeben.
   Rühraufsatz entfernen. Baisermischung mit einem Esslöffel als 6 runde Häufchen mit etwas Abstand auf ein mit Backpapier belegtes Backblech geben und im auf 120 °C vorgeheizten Backofen 1¼ Stunden trocknen lassen. Die Baisers sollen außen knusprig und innen noch etwas feucht sein. Abkühlen lassen.

Pavlova-Zubereitung

5. **Rühraufsatz einsetzen.** Sahne in den sauberen Mixtopf geben und steifschlagen, **Stufe 3**.
6. Zum Servieren legen Sie die Baisers auf flache Teller, streichen eine Schicht Schlagsahne darauf, belegen diese mit Himbeeren und träufeln Passionsfrucht darüber. Sofort servieren.

Tipps

- Mit anderen Sommerfrüchten dekorieren (z. B. Erdbeeren, Waldbeeren, Pfirsichen oder Weintrauben) und mit einer Fruchtsauce beträufeln.
- Baiser eignet sich hervorragend zur Verwendung von überzähligem Eiweiß.
- Für trockene Baisers geben Sie weder Speisestärke noch Zitronensaft zum Eiweiß. Schalten Sie den Backofen aus und lassen Sie die Baisers darin trocknen.

Backblech, Backpapier

Desserts

> Dieses Dessert wurde zu Ehren der russischen Ballerina Pavlova kreiert. Es stammt ursprünglich aus Australien und Neuseeland.

8 Apfel-Crumble

Zutaten

Streusel:
100 g Butter und etwas mehr, in Stücken
80 g Zucker
150 g Mehl
1 Prise Salz

Füllung:
600 g Äpfel, geviertelt
1 EL Zitronensaft
40 g Zucker
1 TL Zimt

Gesamtzeit: 45 Min.
Arbeitszeit: 10 Min.

6 Portionen

einfach

pro Portion: Eiweiß 3 g; Kohlenhydrate 49 g; Fett 15 g kJ 1461; kcal 349

Zubereitung

1. Backofen auf 180 °C vorheizen.

Streusel
2. Alle Streuselzutaten in den Mixtopf geben, **10 Sek./Stufe 6** zu Streuseln vermischen und umfüllen.

Füllung
3. Alle Zutaten für die Füllung in den Mixtopf geben, **2 Sek./Stufe 4** zerkleinern und **5 Min./100°/↺/Stufe 1** erhitzen. Füllung in eine gefettete Auflaufform geben.
4. Streusel darüberstreuen und im auf 180 °C vorgeheizten Backofen 25–30 Minuten goldbraun backen. Warm servieren.

Tipps
- Genießen Sie Apfel-Crumble mit Schlagsahne, Vanillesauce oder einer Kugel Eiscreme.
- Wenn Sie Gäste erwarten, bereiten Sie Crumble zeitig vor und backen es erst, wenn der Hauptgang serviert wird.
- Sie können das Rezept verdoppeln, verlängern Sie dabei lediglich die Heizzeit um 3 Minuten und nehmen Sie eine größere Auflaufform.

Auflaufform

Varianten
- Streusel: ersetzen Sie 50 g Mehl durch geriebene Mandeln oder Nüsse.
- Variieren Sie die Füllung, indem Sie statt Äpfeln und Zimt andere Obstsorten (z. B. Birnen, Pfirsiche, Rhabarber, Waldbeeren, Stachelbeeren, Pflaumen) und andere Gewürze (z. B. Vanille, Rosmarin, Salbei, Thymian) verwenden. Einige Früchte brauchen nicht zerkleinert zu werden.

Crumble ist typisch Englisch, ein unkompliziertes warmes Dessert.

Desserts

9 Mangoeis

Gesamtzeit: 5 Min.
Arbeitszeit: 5 Min.

6 Portionen

einfach

pro Portion: Eiweiß 3 g;
Kohlenhydrate 14 g; Fett 5 g
kJ 489; kcal 117

Zutaten

300 g Mangos, in Stücken, gefroren
300 g Milch als Eiswürfel gefroren
50 g gezuckerte Kondensmilch
50 g Sahne

Zubereitung

1. Alle Zutaten in den Mixtopf geben, **10 Sek./Stufe 6** mithilfe des Spatels vermischen und **30 Sek./Stufe 10** cremig rühren. Sofort servieren.

Tipps

- Zur Vorbereitung der gefrorenen Mangostücke Mango schälen und entkernen, in Stücke (ca. 3 x 3 cm) schneiden und auf einem Tablett mit etwas Abstand einfrieren. Wenn Sie gefroren sind, entweder verwenden oder in einem Gefrierbeutel im Gefrierschrank für später aufbewahren.
- Damit Sie immer gefrorene Früchte für Eis zur Verfügung haben, frieren Sie Obstreste oder sehr reifes Obst wie oben beschrieben ein oder kaufen Sie gefrorene Früchte.

Variante

Anstelle von Mangos können Sie auch andere Obstsorten verwenden, z. B. Papayas, Kirschen, Erdbeeren.
Für **Erdbeereis** pulverisieren Sie 100 g Zucker, geben 300 g Erdbeeren, 300 g gefrorene Milchwürfel und 1 EL Zitronensaft zu und verfahren weiter wie im 1. Arbeitsschritt beschrieben.

Desserts

10 Fruchteis

Zutaten

60 g Zucker oder nach Geschmack mehr
500 g Kirschen, gefroren
100 g Quark, z. B. Magerquark
50 g Naturjoghurt

Gesamtzeit: 14 Min.
Arbeitszeit: 5 Min.
6 Portionen
einfach
pro Portion: Eiweiß 3 g; Kohlenhydrate 27 g; Fett 1 g
kJ 553; kcal 132

Tipp
Wählen Sie Ihr Lieblingsobst (z. B. Erdbeeren, Himbeeren, Kirschen, Pfirsiche). Nutzen Sie auch Obstreste, die Sie in Stücken einfrieren.

Zubereitung

1. Zucker in den Mixtopf geben und **15 Sek./Stufe 10** pulverisieren.
2. Gefrorene Kirschen zugeben und **15 Sek./Stufe 8** zerkleinern.
3. Quark und Joghurt zugeben, **30–40 Sek./Stufe 4–5** mithilfe des Spatels cremig rühren und sofort in Dessertschälchen servieren.

11 Zitronensorbet

Zutaten

400 g Wasser
350 g Zucker
250 g kaltes Wasser
200 g Zitronensaft
1 Eiweiß

Gesamtzeit: 8 Std. 20 Min.
Arbeitszeit: 10 Min.
6 Portionen
mittel
pro Portion: Eiweiß 1 g; Kohlenhydrate 44 g; Fett 0 g
kJ 766; kcal 183

Gefrierfeste Formen (z. B. Aluminium, Silikon)

Zubereitung

1. Wasser und Zucker in den Mixtopf geben und **5 Min./100°/Stufe 3** aufkochen.
2. Kaltes Wasser und Zitronensaft zugeben und **3 Sek./Stufe 3** vermischen.
3. Eiweiß zugeben und **3 Sek./Stufe 4** vermischen. Mischung ca. 4 cm hoch in gefrierfeste Formen (z. B. Kunststoff, Aluminium, Silikon) gießen, mit Frischhaltefolie abdecken und komplett abkühlen lassen, bevor sie für mindestens 8 Stunden eingefroren wird.
4. Gefrorene Masse in Würfel (ca. 4 x 4 cm) schneiden, in den Mixtopf geben und **30 Sek./Stufe 9** erst zerkleinern und dann **30 Sek./Stufe 4** mithilfe des Spatels cremig rühren. Sofort in Dessertschälchen servieren.

Varianten
Anstelle von Quark und Naturjoghurt können Sie auch nur Joghurt oder 150 g Sahne zugeben.

Desserts

12 Schokoladen- und Vanilleeiscreme

Gesamtzeit: 10 Std. 15 Min.
Arbeitszeit: 5 Min.
8 Portionen
mittel
pro Portion*: Eiweiß 6 g; Kohlenhydrate 27 g; Fett 20 g kJ 1298; kcal 310

*Schokoladeneiscreme

Zutaten

- 100 g dunkle Schokolade, 72 % Kakao, in Stücken
- 50 g Kakao
- 400 g Vollmilch
- 200 g Sahne, mind. 30 % Fett
- 150 g Zucker
- 4 Eigelb
- 1 Prise Salz

Zubereitung

1. Schokolade in den Mixtopf geben und **5 Sek./Stufe 8** zerkleinern.
2. Die übrigen Zutaten zugeben und **8 Min./90°/Stufe 2** erhitzen. Mischung max. 4 cm hoch in gefrierfeste Formen (z. B. Aluminium, Silikon) gießen, mit Frischhaltefolie abdecken und komplett abkühlen lassen, bevor sie für mindestens 10 Stunden eingefroren wird.
3. Gefrorene Mischung 15 Minuten in den Kühlschrank geben und dann in Würfel (ca. 4 x 4 cm) schneiden.
4. Die Hälfte der Würfel in den Mixtopf geben, erst **15 Sek./Stufe 9** zerkleinern, dann **30 Sek./Stufe 6** mithilfe des Spatels cremig rühren und Eis in eine Schüssel umfüllen. Diesen Schritt mit der 2. Hälfte der Eiswürfel wiederholen. Sofort in Dessertschälchen servieren.

Tipp
Seien Sie kreativ und verzieren Sie Ihr Eis mit gehackten Pistazien, Kokosraspel, Schokoladentröpfchen; toppen Sie es mit Schlagsahne und Schokoladen- oder Fruchtsauce.

Gefrierfeste Formen (z. B. Aluminium, Silikon)

Vanilleeiscreme: Eiweiß 5 g; Kohlenhydrate 27 g; Fett 15 g; kJ 1118; kcal 267

Varianten
- Für ein scharfes Schokoladeneis geben Sie im 1. Arbeitsschritt etwas Cayenne-Pfeffer zu.
- **Vanilleeiscreme:** 2 Vanilleschoten der Länge nach aufschlitzen, mit 600 g Milch, 200 g Sahne, 180 g Zucker, 6 Eigelb und 1 Prise Salz in den Mixtopf geben und **8 Min./90°/Stufe 2** erhitzen. Dann Vanilleschoten entfernen und wie in den Arbeitsschritten 2–4 beschrieben fortfahren.

Desserts

13 Natur- oder Kokosnuss-Joghurt

Zutaten

Naturjoghurt
1000 g Milch, zimmerwarm
120 g Naturjoghurt
50 g Milchpulver (nach Wunsch)

Kokosnuss-Joghurt
100 g Kokosraspel
1000 g Milch, zimmerwarm
80 g Zucker
120 g Naturjoghurt

*Gesamtzeit: 16 Std.
Arbeitszeit: 4 Min.*

4 Gläser

einfach

pro Glas: Eiweiß 9 g;
Kohlenhydrate 13 g; Fett 10 g
kJ 755; kcal 180*

*Naturjoghurt

Zubereitung

Naturjoghurt

1. Alle Zutaten in den Mixtopf geben und **4 Min./50°/Stufe 4** erwärmen. Joghurtmischung in Schraubgläser oder kleine Gefäße füllen und sofort in eine Decke packen, damit sie warm bleiben. So eingepackt, 8–10 Stunden stehen lassen und vor dem Gebrauch in den Kühlschrank stellen.

Kokosnuss-Joghurt

1. Kokosraspel in den Mixtopf geben und **15 Sek./Stufe 9** pulverisieren.
2. 500 g Milch zugeben und **2 Min./Stufe 9** vermischen.
3. 500 g Milch, Zucker und Naturjoghurt zugeben und **4 Min./50°/Stufe 4** erwärmen. Weitere Verarbeitung wie oben beim Naturjoghurt beschrieben.

Tipps
- Genießen Sie Joghurt gemischt mit frischem Obst, selbst gemachter Konfitüre, Nüssen oder Frühstücks-Cerealien.
- Für ein gutes Gelingen ist es wichtig, dass Mixtopf, Deckel und Messer vor der Joghurtherstellung gut gespült wurden.
- Denken Sie daran, etwas vom Naturjoghurt für die nächste Charge zu reservieren.
- Die Zugabe von Milchpulver erhöht den Eiweißanteil der Milch und verfestigt den Joghurt.

Schraubgläser oder Gefäße, Decke

Kokosnuss-Joghurt: *Eiweiß 11 g; Kohlenhydrate 34 g; Fett 26 g; kJ 1728; kcal 412*

Varianten
- Bevorzugen Sie süßen Joghurt, dann geben Sie 40 g Zucker zur Mischung.
- **Sahnigen Joghurt** bekommen Sie, wenn Sie 100 g Sahne zugeben.
- Für **Fruchtjoghurt** bereiten Sie erst ein Fruchtpüree zu: 200 g Obst (z. B. Erdbeeren) und 80 g Zucker in den Mixtopf geben, **3 Sek./Stufe 5** zerkleinern und **5 Min./100°/Stufe 1** kochen. Lassen Sie die Mischung auf 50°C abkühlen und starten Sie dann einfach mit dem 1. Arbeitsschritt vom Naturjoghurt.

Desserts

Backen

Selbst gebackenes Brot, feine Kuchen und Gebäck: Die Vielfalt ist Programm. Sie suchen sich einfach das Richtige aus. Wonach ist Ihnen heute? Vielleicht lieben Sie wie die meisten Menschen einen goldbraunen Toast, Schwarzwälder Kirschtorte oder Profiteroles. Jetzt wissen Sie auch, wie man sie bäckt.

#	Rezept	Land	Seite
1	Dinkel-Buchweizen-Brot	Deutschland	Seite 236
2	Toastbrot		Seite 238
3	Brotvarianten mit Feta und Oliven	Griechenland	Seite 240
4	Baguette, traditionell	Frankreich	Seite 242
5	Chili-Brot	Mexiko	Seite 244
6	Zwiebel-Focaccia	Italien	Seite 246
7	Laugenbrezeln	Deutschland	Seite 248
8	Zopf	Schweiz	Seite 250
9	Apfel-Nuss-Brot	Deutschland	Seite 252
10	Mandelkuchen „Santiago"	Spanien	Seite 254
11	Schokoladenkuchen	Frankreich	Seite 256
12	Marmorkuchen	Deutschland	Seite 258

13 *Polnischer Käsekuchen*
🇵🇱 Seite 260

14 *Schwarzwälder Kirschtorte*
🇩🇪 Seite 262

15 *Apfelstrudel*
🇦🇹 Seite 265

16 *Brandteig „Profiteroles"*
🇫🇷 Seite 268

17 *Gebackene süße „Muscheln"*
🇲🇽 Seite 270

18 *Cremetörtchen*
🇵🇹 Seite 272

19 *Lebkuchen mit Honig*
🇷🇺 Seite 274

20 *Mürbeteig-Kekse*
Seite 276

21 *Cantucci*
🇮🇹 Seite 278

22 *Mandelkonfekt*
🇬🇷 Seite 280

23 *Schoko-Cookies*
🇺🇸 Seite 282

Backen

1 Dinkel-Buchweizen-Brot

Gesamtzeit: 1 Std.
Arbeitszeit: 10 Min.

40 Scheiben

einfach

pro Scheibe: Eiweiß 3 g;
Kohlenhydrate 9 g; Fett 3 g
kJ 313; kcal 75

Zutaten

- 350 g Dinkel
- 150 g Buchweizen
- 350 g lauwarmes Wasser
- 40 g frische Hefe (1 Würfel)
- 1 TL Honig
- 2–3 TL Salz
- 40 g Essig
- 90 g Sonnenblumenkerne
- 90 g Leinsamen
- oder 90 g Kürbiskerne
- 50 g Sesamkörner
- Butter zum Einfetten
- Haferflocken für die Form

Zubereitung

1. Backofen auf 220 °C vorheizen.
2. 250 g Dinkel in den Mixtopf geben, **1 Min./Stufe 10** mahlen und umfüllen.
3. Restlichen Dinkel und Buchweizen in den Mixtopf geben, **1 Min./Stufe 10** mahlen und zum Dinkel geben.
4. Wasser, Hefe und Honig in den Mixtopf geben und **5 Sek./Stufe 3** verrühren.
5. Dinkel-Buchweizen-Mischung, Salz, Essig, Sonnenblumenkerne, Leinsamen und Sesamkörner zugeben und **4 Min.**/⟳ verarbeiten.
6. Teig in eine gefettete, mit Haferflocken ausgestreute Kastenform (ca. 30 x 12 x 10 cm) füllen, die Oberfläche des Brotes ebenfalls mit Haferflocken bestreuen und ca. eine Stunde ruhen lassen. Brot im auf 220 °C vorgeheizten Backofen 40 Minuten backen.
7. Brot 15 Minuten in der Form abkühlen lassen und anschließend auf ein Kuchengitter stürzen. In Scheiben schneiden.

ⓘ Tipps
- Brot ist fertig gebacken, wenn es hohl klingt, wenn man darauf klopft.
- Das Brot hat eine schöne feuchte Krume und bleibt einige Tage frisch.

Kastenform (ca. 30 x 12 x 10 cm)

Varianten
- Sie können Dinkel durch Weizen ersetzen.
- Für ein **Möhrenbrot** zerkleinern Sie nach dem 3. Schritt 200 g Möhren **5 Sek./Stufe 5**, lassen sie im Mixtopf und fahren mit dem 4. Schritt fort.
- Wenn Sie ein **Walnussbrot** backen möchten, verkürzen Sie beim 5. Schritt die Knetzeit auf 3 Minuten, geben dann 150 g Walnüsse zu und mischen diese **1 Min.**/⟳ mithilfe des Spatels unter.

Backen

2 Toastbrot

Gesamtzeit: 1 Std. 40 Min.
Arbeitszeit: 6 Min.

30 Scheiben

einfach

pro Scheibe: Eiweiß 2 g;
Kohlenhydrate 13 g; Fett 1 g
kJ 295; kcal 71

Zutaten

240 g Wasser
1 TL Trockenhefe (5 g)
30 g brauner Zucker
30 g Butter und etwas mehr
500 g Mehl
1 TL Salz

Zubereitung

1. Wasser, Trockenhefe, Zucker und Butter in den Mixtopf geben und **1 Min./37°/Stufe 3** erwärmen.
2. Mehl und Salz zugeben und **3 Min.**/⟳/ᶫ kneten. Teig in eine große Schüssel umfüllen, mit einem feuchten Küchentuch abdecken und an einem warmen Ort 30 Minuten gehen lassen. Teig in drei Teile aufteilen, daraus drei Kugeln formen und nebeneinander in eine gefettete Kastenform (ca. 30 x 12 x 10 cm) geben. Wieder an einem warmen Ort gehen lassen, bis sich das Volumen etwa verdoppelt hat (ca. 30 Minuten). Backofen auf 180 °C vorheizen.
3. Im auf 180 °C vorgeheizten Backofen 30 Minuten backen, abkühlen lassen und in Scheiben schneiden.

Tipps
- Frisch oder getoastet mit Butter, Konfitüre oder einem anderen Brotaufstrich genießen.
- Die Kruste bekommt eine schöne Farbe, wenn sie vor dem Backen mit Milch bestrichen wird.

Küchentuch,
Brot-Backform (ca. 30 x 12 x 10 cm)

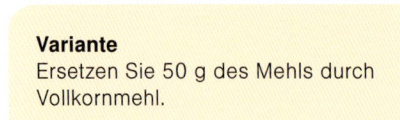

Variante
Ersetzen Sie 50 g des Mehls durch Vollkornmehl.

Backen

3 Brotvarianten mit Feta und Oliven

Gesamtzeit: 1 Std. 20 Min.
Arbeitszeit: 10 Min.

50 Scheiben

einfach

pro Scheibe: Eiweiß 2 g;
Kohlenhydrate 10 g; Fett 3 g
kJ 320; kcal 76

Zutaten

- 300 g Wasser
- 80 g Olivenöl
- 30 g frische Hefe (¾ Würfel)
- 700 g Mehl
- 1 TL Salz
- 170 g Feta, in kleinen Stücken
- 50 g Zwiebeln
- 100 g Oliven, entsteint

Zubereitung

1. Wasser, Olivenöl und Hefe in den Mixtopf geben und **1½ Min./37°/Stufe 2** erwärmen.
2. Mehl und Salz zugeben, **3 Min.**/🌾 kneten und auf einer bemehlten Arbeitsfläche in zwei gleich große Teile teilen.
3. Ein Teigstück mit dem Feta in den Mixtopf geben, **30 Sek.**/🌾 mithilfe des Spatels kneten und wieder auf die bemehlte Arbeitsfläche geben.
4. Zwiebeln in den Mixtopf geben und **5 Sek./Stufe 5** zerkleinern.
5. Das zweite Teigstück und Oliven zugeben, **30 Sek.**/🌾 mithilfe des Spatels kneten und ebenfalls auf die bemehlte Arbeitsfläche geben.
6. Backofen auf 200 °C vorheizen.
7. Jedes Teigstück zu einem Brotlaib formen, beide auf ein mit Backpapier belegtes Backblech legen, mit einem Küchentuch abdecken und an einem warmen Ort gehen lassen, bis sich das Volumen etwa verdoppelt hat (ca. 20 Minuten). Brote im auf 200 °C vorgeheizten Backofen 45 Minuten backen, abkühlen lassen und in Scheiben schneiden.

Tipps
- Brote vor dem Backen mit Wasser bepinseln und mit Sesam bestreuen.
- Sie können auch nur Käse- oder nur Olivenbrote zubereiten.

Backblech, Backpapier

Backen

4 Baguette, traditionell

Gesamtzeit: 1 Std. 40 Min.
Arbeitszeit: 10 Min.

4 Stück

mittel

pro Stück: Eiweiß 14 g;
Kohlenhydrate 86 g; Fett 1 g
kJ 1756; kcal 420

Zutaten

- 150 g Weizenkörner
- 300 g Wasser
- 25 g frische Hefe (etwas mehr als ½ Würfel)
- 350 g Weizenmehl
- 2 TL Salz

Zubereitung

1. Weizenkörner in den Mixtopf geben, **1 Min./Stufe 10** mahlen und umfüllen.
2. Wasser und Hefe in den Mixtopf geben und **2 Min./37°/Stufe 2** erwärmen.
3. Beide Mehlsorten und Salz zugeben und **3 Min.** kneten. Teig in eine große Schüssel geben, Kugel formen, mit Frischhaltefolie abdecken und im Kühlschrank über Nacht (8 bis 12 Stunden) gehen lassen.
4. Am nächsten Tag den Teig in vier gleiche Teile aufteilen, Kugeln formen und jeweils länglich zu einem Baguette (30 cm lang) rollen. Diese auf ein mit Backpapier belegtes Backblech legen, mit einem Geschirrtuch abdecken und an einem warmen Ort 2–2½ Stunden gehen lassen. Gegen Ende dieser Gehzeit Backofen auf 240 °C vorheizen und ein leeres Backblech in die unterste Schiene des Backofens schieben.
5. Baguettes mit Wasser einpinseln und leicht mit Mehl bestäuben. Mit einem scharfen Messer die Teigoberfläche schräg einkerben. Baguettes in den Backofen schieben, dabei eine Tasse Wasser vorsichtig auf das heiße Backblech unten im Backofen gießen und die Brote im auf 240 °C vorgeheizten Backofen 20–25 Minuten backen. Vor dem Servieren abkühlen lassen.

Frischhaltefolie, Backbleche, Backpapier

Tipps

- Salz nicht direkt auf die frische Hefe geben, dass behindert die Gärung und der Teig geht nicht so gut auf.
- Benutzen Sie eine Baguetteform.
- Wünschen Sie Brötchen, dann teilen Sie den Teig in 16 gleich große Stücke und verfahren weiter wie oben beschrieben. Wenn Sie nicht alle Brötchen sofort brauchen, nehmen Sie einige davon 5 Minuten vor Ende der Backzeit aus dem Backofen und frieren sie sofort ein, nachdem sie abgekühlt sind. Backen Sie die Brötchen fertig, wenn Sie sie essen wollen.
- **Schnelles Baguette**: Teig im 3. Arbeitsschritt 1 Stunde bei Zimmertemperatur gehen lassen und dann das Gehen im 4. Arbeitsschritt auch auf 1 Stunde verkürzen. Durch die „kalte Teigführung" bei der traditionellen Methode bekommt das Brot eine schönere Krume und ein besseres Aroma.

Backen

5 Chili-Brot

Gesamtzeit: 2 Std. 20 Min.
Arbeitszeit: 10 Min.

25 Scheiben

mittel

pro Scheibe: Eiweiß 3 g;
Kohlenhydrate 18 g; Fett 4 g
kJ 503; kcal 120

Zutaten

- 200 g Poblano Chili, in Stücken, oder 200 g grüne Paprika und ½ Chili, entkernt
- 80 g Zwiebeln, halbiert
- 25 g Öl und etwas mehr
- 1 TL Salz
- 30 g Zucker
- 60 g Butter und etwas mehr
- 1 Ei
- 550 g Mehl
- 2 TL Trockenhefe (10 g)
- 1 Eigelb, verquirlt

Zubereitung

1. Poblano Chili und Zwiebeln in den Mixtopf geben und **7 Sek./Stufe 6** zerkleinern.
2. Öl und Salz zugeben, **8 Min./70°/Stufe** erwärmen und 5 Minuten ziehen lassen.
3. Zucker, Butter und Ei zugeben und **3 Sek./Stufe 10** vermischen.
4. Mehl und Trockenhefe zugeben, **2 Min.** kneten, in eine Schüssel umfüllen und an einem warmen Ort gehen lassen, bis sich das Volumen etwa verdoppelt hat (ca. 30 Minuten). Teig mit gefetteten Händen zu einem Laib formen und in eine gefettete Kastenform legen (ca. 30 x 12 x 10 cm). Mit einem Geschirrtuch abdecken und gehen lassen, bis sich sein Volumen etwa verdoppelt hat. Während der Gehzeit den Backofen auf 180 °C vorheizen.
5. Brot mit Eigelb bepinseln, im auf 180 °C vorgeheizten Backofen 35 Minuten goldgelb backen, abkühlen lassen, aus der Backform nehmen und in Scheiben schneiden.

Tipps
- Das Brot sieht rustikaler aus, wenn es mit Mehl bestreut anstatt mit Eigelb bestrichen wird.
- Poblanos sind eine milde, große, grüne Chilisorte und ähneln grünen Paprikaschoten.

Kastenform (ca. 30 x 12 x 10 cm), Küchentuch

Paprikaschoten und Chilis stammen aus Südamerika. In der Küche Mexikos spielen „Chilis" eine wichtige Rolle. Jede Chilisorte hat einen eigenen Namen, selbst die gleiche Sorte wird unterschiedlich bezeichnet, je nachdem, ob sie frisch oder getrocknet ist.

Backen

6 Zwiebel-Focaccia

Zutaten

Teig
600 g Mehl
380 g Wasser
20 g Olivenöl und etwas mehr
25 g frische Hefe (gut ½ Würfel)
1 Prise Zucker
½ TL Salz

Belag
4 Zwiebeln (400 g), halbiert
40 g Olivenöl
40 g Wasser
2 TL Salz

Gesamtzeit: 1 Std. 10 Min.
Arbeitszeit: 5 Min.

16 Stücke

mittel

pro Stück: Eiweiß 4 g;
Kohlenhydrate 28 g; Fett 7 g
kJ 793; kcal 190

Zubereitung

Teig

1. Mehl, 320 g Wasser, 20 g Olivenöl, Hefe und Zucker in den Mixtopf geben und **2 Min./⟲/⚙** kneten.
2. Salz und 60 g Wasser zugeben und **2 Min./⟲/⚙** kneten. 2 EL Olivenöl auf ein Backblech gießen und den Teig mithilfe des geölten Spatels daraufgeben. Den weichen Teig mit geölten Händen rund formen und dünn mit Olivenöl bedecken. Teig mit einer Schüssel abdecken und an einem warmen Ort 20–30 Minuten gehen lassen. Während dieser Zeit den Backofen auf 200 °C vorheizen.
3. Den Teig mit geölten Fingern auf Backblechgröße ausdehnen, ohne ihn zu kneten.

Belag

4. Zwiebeln in den Mixtopf geben, **6 Sek./Stufe 4** zerkleinern und auf dem Teig verteilen.
5. Olivenöl, Wasser und Salz in den Mixtopf geben, **10 Sek./Stufe 4** vermischen, über die Zwiebeln verteilen und im auf 200 °C vorgeheizten Backofen 30 Minuten backen. Erst nach dem Abkühlen in Vierecke schneiden.

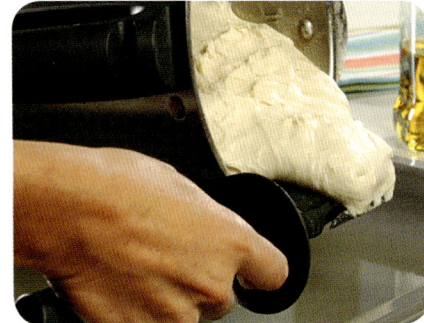

ⓘ Tipps
- Diese italienische Focaccia bleibt sehr hell.
- Sie kann als Beilage zu vielen Gerichten, aber auch als Brot für Sandwiches gereicht werden.

Backblech

Backen

Varianten
- Wenn Sie es nicht eilig haben, können Sie die Zwiebeln auch von Hand in dünne Scheiben schneiden und auf dem Teig verteilen.
- Für eine typisch italienische **Salz-Focaccia** lassen Sie den 4. Schritt aus und anstelle der Zwiebeln streuen Sie 2 TL grobes Salz über den Teig.

7 Laugenbrezeln

Zutaten

400 g Milch
40 g frische Hefe (1 Würfel)
600 g Mehl
2 TL Salz
600 g Wasser
4 EL Natron
grobes Salz zum Bestreuen

Gesamtzeit: 1 Std.
Arbeitszeit: 20 Min.

10 Stück

mittel

pro Stück: Eiweiß 8 g;
Kohlenhydrate 44 g; Fett 2 g
kJ 967; kcal 231

Tipp
Anstelle von grobem Salz mit Sesam, Sonnenblumen- oder Kürbiskernen bestreuen.

Backblech, Backpapier

Zubereitung

1. Milch und Hefe in den Mixtopf geben und **2 Min./37°/Stufe 2** erwärmen.
2. Mehl und Salz zugeben und **2½ Min.**/⟲ kneten. Teig in eine Schüssel geben, abdecken und an einem warmen Ort gehen lassen, bis sich das Volumen etwa verdoppelt hat (ca. 30 Minuten).
3. Backofen auf 200 °C vorheizen.
4. Teig in 10 gleich große Teile teilen und auf einer nicht klebenden Arbeitsfläche zu dünnen, langen Strängen (60 cm) ausrollen, wobei die Enden dünner sein sollen. Um Brezeln zu formen, die Teigenden nehmen, 2 Mal verschlingen und dann auf dem dickeren Strangteil festdrücken.
5. Wasser mit Natron in einem Topf (Ø 20 cm) zum Kochen bringen. Brezeln nacheinander mithilfe eines Schaumlöffels 30–60 Sekunden in die kochende Lauge tauchen und dann auf ein mit Backpapier belegtes Backblech legen. Brezeln mit grobem Salz bestreuen, im auf 200 °C vorgeheizten Backofen 15 Minuten backen, einige Minuten abkühlen lassen und warm oder kalt servieren.

Brezeln sind typisch deutsch und werden besonders im Süden Deutschlands überall angeboten. Man isst sie einfach so oder durchgeschnitten und mit Butter bestrichen. Beiden Versionen werden zu Bier im Biergarten serviert.

Backen

8 Zopf

Gesamtzeit: 2 Std. 20 Min.
Arbeitszeit: 15 Min.
30 Scheiben
aufwändig
pro Scheibe: Eiweiß 3 g;
Kohlenhydrate 16 g; Fett 2 g
kJ 390; kcal 93

Zutaten

- 300 g Milch
- 50 g Butter
- 20 g frische Hefe (½ Würfel)
- 60 g Zucker
- 550 g Mehl
- ¼ TL Salz
- 1 Ei, verquirlt

Zubereitung

1. Milch, Butter, Hefe und Zucker in den Mixtopf geben und **3 Min./37°/Stufe 2** erwärmen.
2. Mehl und Salz zugeben und **3 Min.** kneten. Teig in eine große, bemehlte Schüssel legen, abdecken und an einem warmen Ort gehen lassen, bis sich das Volumen etwa verdoppelt hat (ca. 1 Stunde).
3. Teig in 3 Stücke teilen, auf einer nicht haftenden Arbeitsfläche zu langen Stangen rollen und 5 Minuten ruhen lassen. Die drei Rollen an einem Ende zusammendrücken, zu einem Zopf flechten und die drei Rollen auch an diesem Ende zusammendrücken. Zopf auf ein mit Backpapier belegtes Backblech legen, mit einem Geschirrtuch abdecken und an einem warmen Ort gehen lassen, bis sich das Volumen etwa verdoppelt hat (ca. 30 Minuten). Während der Gehzeit den Backofen auf 180 °C vorheizen.
4. Zopf mit verquirltem Ei bepinseln und im auf 180 °C vorgeheizten Backofen 25–30 Minuten backen. Abkühlen lassen und in Scheiben schneiden.

Tipp
Nach dem Bepinseln mit Ei mit Mandelblättchen bestreuen.

Backblech, Backpapier

Varianten
- Im 2. Schritt können Sie zusätzlich 80 g Rosinen zuwiegen.
- Sie können aus diesem Teig auch kleine Weckmänner (in der Schweiz „Gritibänz" genannt) formen. Für Augen und Knöpfe werden dann Rosinen verwendet.

„Zopf" ist ein typisches Schweizer Brot, bei dem der Teig geflochten wird. Es wird üblicherweise zum Sonntagsfrühstück serviert.

Backen

9 Apfel-Nuss-Brot

Gesamtzeit: 1 Std. 15 Min.
Arbeitszeit: 10 Min.

20 Scheiben

mittel

pro Scheibe: Eiweiß 4 g;
Kohlenhydrate 33 g; Fett 7 g
kJ 910; kcal 218

Zutaten

- 750 g Äpfel, geviertelt
- 100 g Zucker
- 150 g Sultaninen
- 500 g Mehl
- 1½ EL Backpulver
- 1 EL Kakao
- 1 TL Zimt
- 200 g Nüsse, gemischt, ganz
- Butter zum Einfetten

Zubereitung

1. Backofen auf 180 °C vorheizen.
2. Äpfel in den Mixtopf geben, **5 Sek./Stufe 5** mithilfe des Spatels zerkleinern und umfüllen.
3. Zucker, Sultaninen, Mehl, Backpulver, Kakao und Zimt in den Mixtopf geben und **10 Sek./Stufe 3** vermischen.
4. Zerkleinerte Äpfel und die Nüsse zugeben und **3 Min./**🥄 mithilfe des Spatels untermischen. Falls nötig Teig zwischendurch einmal mit dem Spatel umrühren.
5. Teig in eine gefettete Kastenform (ca. 30 x 12 x 10 cm) geben und im auf 180 °C vorgeheizten Backofen 60 Minuten backen. 15 Minuten abkühlen lassen, bevor das Brot aus der Form genommen und auf ein Kuchengitter gelegt wird. Vollständig abkühlen lassen, bevor das Brot in Scheiben geschnitten wird.

ⓘ Tipps

- Apfel-Nuss-Brot mit Butter bestrichen ist lecker zum Frühstück oder auch als Snack. Es bleibt einige Tage frisch und saftig.
- Als Nussmischung können Sie Walnüsse, Pekannüsse, Mandeln, Haselnüsse und Cashewkerne wählen.

Kastenform (ca. 30 x 12 x 10 cm), Kuchengitter

Backen

10 Mandelkuchen „Santiago"

Gesamtzeit: 1 Std. 45 Min.
Arbeitszeit: 5 Min.

8 Stücke

einfach

pro Stück: Eiweiß 9 g;
Kohlenhydrate 33 g; Fett 21 g
kJ 1473; kcal 352

Zutaten

250 g Mandeln, geschält
250 g Zucker
Zitronenschale einer Bio-Zitrone, nur die gelben Anteile
4 Eier

Zubereitung

1. Backofen auf 180°C vorheizen.
2. Mandeln in den Mixtopf geben, **15 Sek./Stufe 5** hacken und umfüllen.
3. Zucker in den Mixtopf geben, **15 Sek./Stufe 10** pulverisieren, 3 Esslöffel davon entnehmen und zur Seite stellen.
4. Zitronenschale zugeben und **15 Sek./Stufe 10** zerkleinern.
5. Eier zugeben und **2 Min./Stufe 4** mischen.
6. Mandeln zugeben, **5 Sek./Stufe 3** mischen, in eine gefettete Springform (Ø 24 cm) gießen und im auf 180°C vorgeheizten Backofen 25–35 Minuten backen. In der Springform auf Zimmertemperatur abkühlen lassen, bevor der Kuchen auf eine Kuchenplatte kommt. Mit den 3 Esslöffeln Puderzucker bestäuben.

Tipps
- Typischerweise wird der Kuchen mit einer Jakobsmuschel- oder Santiagokreuz-Schablone verziert.
- Wenn Sie ungeschälte Mandeln verwenden, legen Sie diese in eine Schüssel mit kochendem Wasser und lassen sie eine Weile ziehen. Dann lässt sich die Schale einfach abziehen.

Springform (Ø 24 cm)

Dieser spanische Kuchen stammt aus der Region Galicien.

Backen

11 Schokoladenkuchen

Zutaten

Gesamtzeit: 1 Std.
Arbeitszeit: 10 Min.

12 Stücke

mittel

pro Stück: Eiweiß 6 g;
Kohlenhydrate 33 g; Fett 24 g
kJ 1571; kcal 376

Kuchen
6 Eier
1 Prise Salz
250 g dunkle Schokolade (mind. 50 % Kakao), in Stücken
130 g Butter, in Stücken
150 g Zucker
50 g Mehl

Schokoguss
100 g dunkle Schokolade (mind. 50 % Kakao), in Stücken
60 g Wasser
60 g Zucker
20 g Butter

Zubereitung

Kuchen

1. Backofen auf 180 °C vorheizen.
2. **Rühraufsatz einsetzen.** Eier trennen. Eiweiß und Salz in den Mixtopf geben und **5 Min./Stufe 3** steif schlagen. **Rühraufsatz entfernen.** Eischnee in eine größere Schüssel umfüllen.
3. Schokolade in den Mixtopf geben, **10 Sek./Stufe 7** zerkleinern und mit dem Spatel nach unten schieben.
4. Butter zugeben und **4 Min./50°/Stufe 2** schmelzen.
5. Zucker und Eigelb zugeben und **20 Sek./Stufe 4** vermischen.
6. Mehl zugeben, **10 Sek./Stufe 4** vermischen, zu dem Eischnee geben und vorsichtig unterheben. Teig in eine gefettete Springform (Ø 22 cm) geben und im auf 180 °C vorgeheizten Backofen 25–30 Minuten backen. Mixtopf spülen.

Schokoguss

7. Während der Kuchen backt, Schokolade in den Mixtopf geben und **10 Sek./Stufe 7** zerkleinern. Zerkleinerte Schokolade mit dem Spatel nach unten schieben.
8. Wasser und Zucker zugeben und **15 Min./100°/Stufe 3** ohne Messbecher kochen.
9. Butter zugeben und **30 Sek./Stufe 4** vermischen.
10. Schokoguss auf den gebackenen Kuchen gießen, gleichmäßig verteilen und warm servieren.

Tipps
- Kuchenstück mit einer Kugel Birnensorbet und Schlagsahne oder Vanillesauce servieren.
- Verzieren Sie den Kuchen mit getrockneten oder kandierten Früchten oder mit gehackten Nüssen.

Springform (Ø 22 cm)

Backen

12 Marmorkuchen

Gesamtzeit: 2 Std.
Arbeitszeit: 10 Min.

24 Stücke

mittel

pro Stück: Eiweiß 3 g;
Kohlenhydrate 23 g; Fett 12 g
kJ 919; kcal 220

Zutaten

- 300 g Butter, weich, in Stücken
- 280 g Zucker
- 1 TL Vanillezucker
- ½ TL Rumaroma (nach Wunsch)
- 1 Prise Salz
- 5 Eier
- 370 g Mehl
- 1 EL Backpulver (1 Pck.) (15 g)
- 70 g Milch
- 30 g Kakaopulver

Zubereitung

1. Backofen auf 180 °C vorheizen.
2. Butter in den Mixtopf geben und **1 Min./Stufe 5** schaumig rühren.
3. 250 g Zucker, Vanillezucker, Rumaroma und Salz zugeben und **45 Sek./Stufe 5** verrühren.
4. Weitere **2 Min./Stufe 5** rühren und dabei die Eier nach und nach durch die Deckelöffnung auf das laufende Messer zugeben.
5. Mehl, Backpulver und 40 g Milch zugeben und **20 Sek./Stufe 5** mithilfe des Spatels unterheben. Die Hälfte des Teiges in eine gefettete Napfkuchen- oder Guglhupfform (Ø 22–24 cm) füllen.
6. Kakaopulver, 30 g Zucker und 30 g Milch zum restlichen Teig in den Mixtopf geben, **5 Sek./Stufe 5** verrühren, mit dem Spatel nach unten schieben und nochmals **5 Sek./Stufe 5** vermischen. Den dunklen Teig auf dem hellen Teig verteilen, eine Gabel spiralförmig durch die Teigschichten ziehen, damit ein Marmormuster entsteht, und im auf 180 °C vorgeheizten Backofen 50 Minuten backen. Kuchen 10 Minuten in der Form abkühlen lassen, auf eine Kuchenplatte stürzen und vollständig abkühlen lassen. In Scheiben schneiden und servieren.

Tipps
- Mit Puderzucker bestäuben oder mit Schokoladenguss verzieren.
- Nutzen Sie dieses Rezept als Beispielrezept für Ihren individuellen Rührkuchen.

Guglhupfform (Ø 22–24 cm)

Backen

13 Polnischer Käsekuchen

Gesamtzeit: 1 Std. 10 Min.
Arbeitszeit: 20 Min.

24 Stücke

mittel

pro Stück: Eiweiß 9 g;
Kohlenhydrate 28 g; Fett 14 g
kJ 1160; kcal 277

Zutaten

Teig
30 g Zucker
1 Ei
120 g Margarine
250 g Mehl
1 TL Backpulver

Füllung
5 Eier
1000 g Quark, 20 % Fett
600 g Milch
350 g Zucker
120 g Sonnenblumenöl
2 Päckchen Vanillepuddingpulver
1 Prise Salz

Zubereitung

Teig
1. Backofen auf 180 °C vorheizen.
2. Alle Teigzutaten in den Mixtopf geben und **50 Sek.**/⟲ kneten. Teig auf einer bemehlten Fläche rechteckig ausrollen und in eine rechteckige, gefettete Kuchenform geben (ca. 40 x 24 x 6 cm).

Füllung
3. Eier trennen. Eigelb, Quark, Milch, 250 g Zucker, Öl und Puddingpulver in den Mixtopf geben und **1½ Min./Stufe 6** vermischen. Käsemischung gleichmäßig auf dem Teig verteilen und im auf 180 °C vorgeheizten Backofen 50 Minuten backen. Mixtopf gründlich spülen und trocknen.
4. 100 g Zucker in den Mixtopf geben, **10 Sek./Stufe 10** pulverisieren und umfüllen.
5. **Rühraufsatz einsetzen.** Eiweiß, Puderzucker und Salz in den Mixtopf geben und **5 Min./Stufe 3** steif schlagen. Kuchen nach 50 Minuten aus dem Backofen nehmen (Füllung erscheint noch flüssig), Eischnee vorsichtig darauf verteilen und bei 180 °C weitere 10 Minuten im Backofen backen. Kuchen in der Form abkühlen lassen, bevor er auf die Kuchenplatte kommt.

Tipp
Der Kuchen kann auch in einer Springform (Ø 28 cm) gebacken werden.

Kastenform (ca. 40 x 24 x 6 cm)

Backen

Backen

262

14 Schwarzwälder Kirschtorte

Gesamtzeit: 3 Std.
Arbeitszeit: 45 Min.

16 Stücke

aufwändig

pro Stück: Eiweiß 7 g;
Kohlenhydrate 58 g; Fett 30 g
kJ 2294; kcal 548

Siehe nächste Seite

Zutaten

Dunkler Biskuitboden
5 Eier
170 g Zucker
120 g Mehl
70 g Speisestärke
1 TL Backpulver
3 EL Kakao

Mürbeteigboden
200 g Mehl
50 g Zucker
1 Prise Salz
100 g Butter, kalt, in Stücken
1 Eigelb

Zubereitung

Dunkler Biskuitboden

1. Backofen auf 180 °C vorheizen.
2. **Rühraufsatz einsetzen.** Eier und Zucker in den Mixtopf geben, **3 Min./50°/Stufe 3–4** schaumig schlagen und **3 Min./Stufe 3–4** rühren.
3. Mehl, Speisestärke, Backpulver und Kakao zugeben und **10 Sek./Stufe 3** vermischen. **Rühraufsatz entfernen.** Teig in eine gefettete und leicht bemehlte Springform (Ø 28 cm) geben und im auf 180 °C vorgeheizten Backofen 30–35 Minuten backen. Mixtopf spülen. Dunklen Biskuitboden aus der Springform nehmen und zum Abkühlen auf ein Kuchengitter geben. Dunklen Biskuitboden ganz abkühlen lassen.

Mürbeteigboden

4. Backofen auf 180 °C vorheizen.
5. Alle Mürbeteigzutaten in den Mixtopf geben und **40 Sek./Stufe 5** kneten. Teig rund (Ø 28 cm) ausrollen, in die gefettete Springform (Ø 28 cm) legen, mit einer Gabel mehrmals einstechen und im auf 180 °C vorgeheizten Backofen 20 Minuten backen. Mixtopf spülen. Mürbeteig in der Springform komplett abkühlen lassen.

> **Tipp**
> Dunkler Biskuitboden und Mürbeteigboden können 1 bis 2 Tage im Voraus gebacken werden. Nach dem Abkühlen sollten diese beiden Böden in unterschiedlichen Behältern aufbewahrt werden.
>
> Springform (Ø 28 cm), Nudelholz, Gefrierbeutel, Kuchengitter

14 Schwarzwälder Kirschtorte

Siehe vorhergehende Seite

Eine der berühmtesten deutschen Torten, die in der ganzen Welt bekannt ist.

Zutaten

Füllung und Belag

1 Glas Sauerkirschen (680 g)
20 g Speisestärke
60 g Kirschwasser
60 g Puderzucker
100 g Kirschkonfitüre
1000 g Sahne, mind. 30 % Fett
4 EL Vanillezucker
80 g Schokoladenraspeln
16 Belegkirschen

Zubereitung

Füllung und Belag – Zubereitung der Torte

6. Sauerkirschen zum Abtropfen in den Gareinsatz geben und den Saft in einer Schüssel auffangen.
7. 250 g vom aufgefangenen Kirschsaft und Speisestärke in den Mixtopf geben und **5 Min./100°/Stufe 3** aufkochen.
8. 30 g Kirschwasser und 30 g Puderzucker zugeben, **5 Sek./Stufe 3** vermischen, den angedickten Kirschsaft mit den abgetropften Kirschen in eine Schüssel geben und vorsichtig vermischen.
9. Zum Beträufeln der Böden den restlichen Kirschsaft (ca. 100 g), 30 g Kirschwasser und 30 g Puderzucker in den Mixtopf geben und **5 Sek./Stufe 3** vermischen.
10. Mürbeteigboden auf eine Tortenplatte legen und dünn mit Kirschkonfitüre bestreichen.
11. Dunklen Biskuitboden zweimal durchschneiden, sodass es drei dünne Böden gibt. Den ersten Boden auf den Mürbeteigboden legen, mit etwas Kirschsaftmischung beträufeln und die angedickten Kirschen darauf verteilen. Die beiden anderen Biskuitböden ebenfalls mit dem Kirschsaft beträufeln. Mixtopf spülen, mit kaltem Wasser umspülen und trocknen.
12. **Rühraufsatz einsetzen**. 500 g kalte Sahne und 2 EL Vanillezucker in den Mixtopf geben, steif schlagen, **Stufe 3**, in eine Schüssel umfüllen und in den Kühlschrank stellen. Diesen Schritt mit den restlichen 500 g Sahne wiederholen. Zum Verzieren etwas von der Sahne in einen Spritzbeutel geben.
13. Etwa ¼ der geschlagenen Sahne auf den Kirschen verteilen, den zweiten Biskuitboden darauflegen und mit etwa ⅓ der Sahne bestreichen.
    Den letzten Boden darauflegen und den ganzen Kuchen mit der restlichen Sahne bestreichen. 16 Stücke auf der Torte markieren.
14. Die ganze Torte mit Schokoladenraspeln bestreuen, 16 Sahnetupfer auf die Enden der Tortenstücke spritzen und mit je einer Belegkirsche dekorieren. Torte abdecken und in den Kühlschrank stellen. Vor dem Servieren mit einem scharfen Messer in 16 Stücke teilen.

15 Apfelstrudel

Gesamtzeit: 1 Std. 30 Min.
Arbeitszeit: 35 Min.
10 Portionen
aufwändig
pro Portion: Eiweiß 7 g; Kohlenhydrate 63 g; Fett 28 g kJ 2252; kcal 538

Siehe nächste Seite

Zutaten

Strudelteig
- 370 g Mehl und etwas mehr
- 1 Ei
- 70 g Sonnenblumenöl
- 120 g lauwarmes Wasser
- 1 TL Weinessig
- ½ TL Salz

Apfelfüllung
- 160 g Butter
- 150 g Paniermehl
- 100 g Haselnüsse
- 750 g Äpfel, geviertelt, entkernt
- 1 TL Zimt
- 1 EL Vanillezucker
- 20 g Zitronensaft
- 20 g Rum
- 80 g Sultaninen
- 100 g Zucker
- 50 g Milch

Zubereitung

Strudelteig

1. Mehl, Ei, 40 g Sonnenblumenöl, Wasser, Weinessig und Salz in den Mixtopf geben und **2 Min./⤺/** kneten. Teig auf eine bemehlte Arbeitsfläche legen, einen Laib formen, mit dem restlichen Sonnenblumenöl bestreichen, mit Frischhaltefolie abdecken und bei Zimmertemperatur 30 Minuten ruhen lassen. In dieser Zeit die Füllung zubereiten.

Apfelfüllung

2. 80 g Butter in den Mixtopf geben und **2 Min./Varoma/Stufe 1** schmelzen.
3. Paniermehl zugeben, **6 Min./100°/Stufe 2** rösten und umfüllen.
4. Haselnüsse in den Mixtopf geben und **5 Sek./Stufe 7** zerkleinern.
5. Äpfel zugeben und **5 Sek./Stufe 4** mithilfe des Spatels zerkleinern.
6. Zimt, Vanillezucker, Zitronensaft, Rum, Sultaninen und Zucker zugeben, **15 Sek./⤺/Stufe 4** vermischen und umfüllen. Mixtopf spülen und trocknen.
7. 80 g Butter in den Mixtopf geben, **2 Min./100°/Stufe 1** schmelzen und zum Einpinseln zur Seite stellen.

15 *Apfelstrudel*

Siehe vorhergehende Seite

Tipps
- Mit Puderzucker bestreuen und mit Vanillesauce servieren.
- Sehr bekannt sind Apfel- und Quarkstrudel. Es gibt aber noch weitere süße und herzhafte Füllungen, z.B. Kirschen, Aprikosen, Spinat und Gemüse mit Käse.

Frischhaltefolie, 2 Tücher, Nudelholz, Backblech und -papier

Zubereitung

Strudel-Zubereitung

8. Backofen auf 190 °C vorheizen.
9. Ein Tuch (ca. 70 x 110 cm) auf einen Tisch legen und mit Mehl bestreuen. Darauf den Teig zu einem dünnen Rechteck ausrollen, mit einem weiteren Tuch bedecken und wieder 5 Minuten ruhen lassen.
10. Das obere Tuch entfernen, den Teig mit etwas geschmolzener Butter bestreichen, mit bemehlten Händen anheben, über die Handrücken ziehen und mit den Fingerknöcheln den Teig von unten bearbeiten und zu den Tischecken auseinanderziehen, indem man den Teig von unten nach allen Seiten zieht. Teig so lange vorsichtig und langsam von unten bearbeiten und zu den Tischecken ziehen, bis er zum Schluss um die Tischplatte passt. Wenn Löcher im Teig entstehen, diese zusammendrücken. Kleine Löcher wirken sich zum Schluss nicht aus. Jetzt nicht mehr größer auseinanderziehen und die äußeren Kanten abschneiden.
11. Teig wieder mit etwas geschmolzener Butter bestreichen, Brotbrösel entlang der Längsseite des Teiges streuen – dabei etwas Abstand zum Teigrand lassen – und die Äpfelfüllung darüber verteilen. Das Tuch an der Seite mit der Füllung anheben, Teig über die Füllung klappen und den Teig mithilfe des Tuchs langsam aufrollen, indem man das Tuch weiter leicht anhebt. Die Teigrolle in der Mitte durchschneiden, die Enden beider Rollen gut verschließen und auf ein mit Backpapier belegtes Backblech legen.
12. Oberfläche mit der restlichen geschmolzenen Butter und Milch bestreichen. Im auf 190 °C vorgeheizten Backofen 20–25 Minuten goldbraun und knusprig backen. Lauwarm in Scheiben geschnitten servieren.

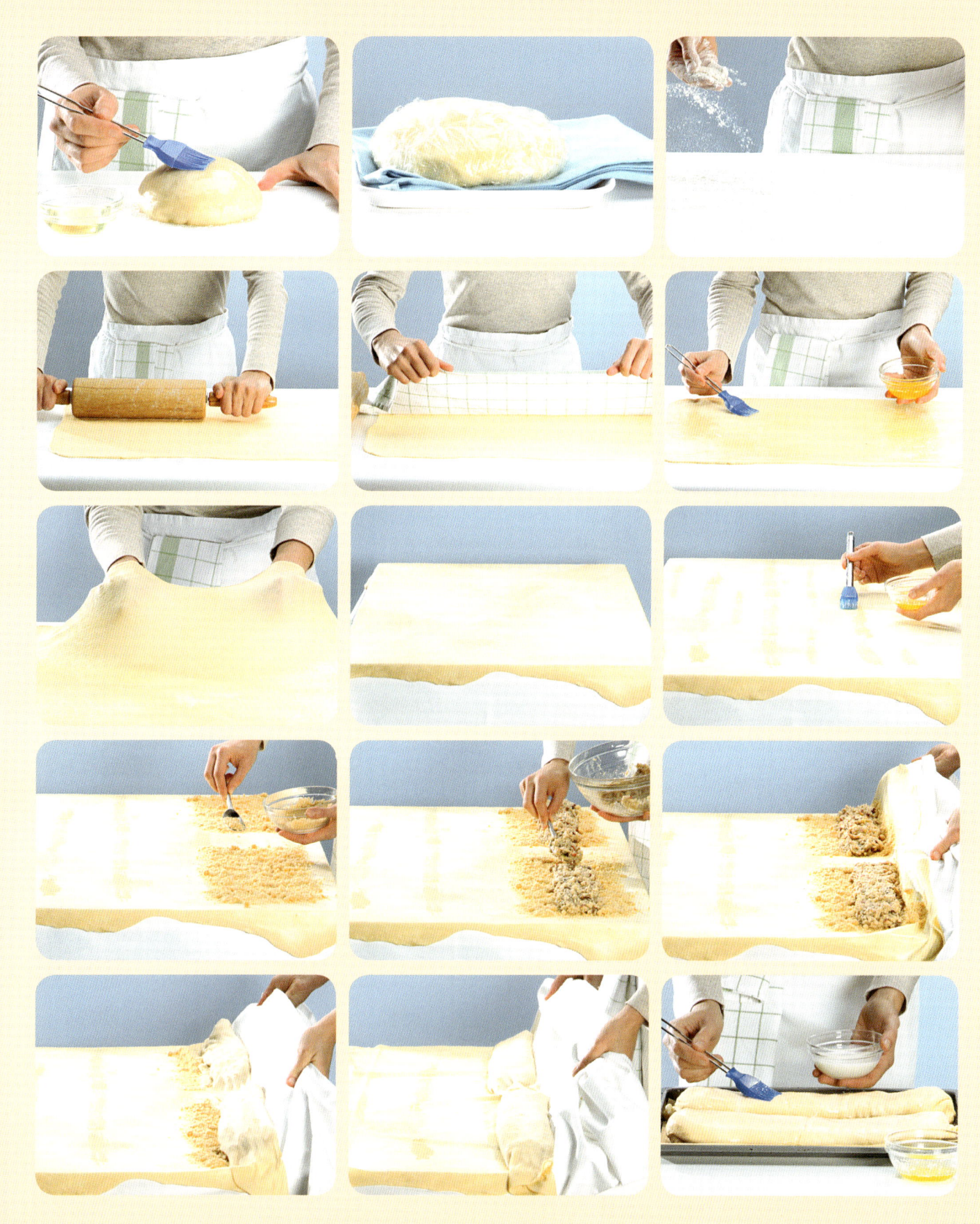

Backen

16 Brandteig „Profiteroles"

Zutaten

Brandteig
150 g Wasser
80 g Butter, weich
1 Prise Salz
10 g Zucker
120 g Mehl
3 Eier

Schokoladensauce und „Profiterole"-Zubereitung
250 g dunkle Schokolade (mind. 70% Kakao), in Stücken
40 g Butter, weich
200 g Milch
Vanilleeis, gekauft oder selbst gemacht (Seite 228)

Gesamtzeit: 2 Std.
Arbeitszeit: 20 Min.

18 Stück

mittel

pro Stück: Eiweiß 4 g; Kohlenhydrate 18 g; Fett 16 g
kJ 990; kcal 237

Zubereitung

Brandteig
1. Backofen auf 200 °C vorheizen.
2. Wasser, Butter, Salz und Zucker in den Mixtopf geben und **5 Min./100°/Stufe 1** kochen.
3. Mehl zugeben und **20 Sek./Stufe 4** vermischen. Mixtopf aus dem Gerät nehmen, zur Seite stellen und den Teig 10 Minuten abkühlen lassen.
4. Mixtopf wieder einsetzen, **Stufe 5** einstellen und die Eier nacheinander durch die Deckelöffnung auf das laufende Messer zugeben. Weitere **30 Sek./Stufe 5** rühren. Teig in einen Gefrierbeutel geben (eine Ecke davon abschneiden). Walnussgroße Bällchen auf ein mit Backpapier belegtes Backblech spritzen und 6 cm Abstand dazwischen lassen. Im auf 200 °C vorgeheizten Backofen 20–25 Minuten backen. Backofen ausstellen, Backofentür leicht anlehnen und den Brandteig 10 Minuten trocknen lassen. Aus dem Backofen nehmen und komplett abkühlen lassen.

Schokoladensauce und „Profiterole"-Zubereitung
5. Schokolade in den Mixtopf geben und **10 Sek./Stufe 9** zerkleinern.
6. Butter und Milch zugeben, **4 Min./100°/Stufe 2** erhitzen und in eine Schüssel umfüllen.
7. Die abgekühlten Profiteroles halbieren und je 2–3 untere Hälften auf einen Teller legen. Auf jedes Unterteil je eine Kugel Vanilleeis geben, mit der oberen Gebäckhälfte bedecken und mit Schokoladensauce überziehen. Sofort mit der übrigen Schokoladensauce servieren.

Tipps
- Falls Sie selbst gemachtes Vanilleeis verwenden, nehmen Sie die Eismischung aus dem Gefrierschrank und rühren sie vor dem 7. Arbeitsschritt auf.
- Mit Puderzucker bestäuben und mit Schlagsahne oder einer Vanillecreme oder pikanter Frischkäsefüllung servieren.

Gefrierbeutel, Backblech, Backpapier

Varianten
Brandteig kann mit Schlagsahne oder anderer Creme mit Obst gefüllt werden. Versuchen Sie auch einmal eine herzhafte Kräuter-Frischkäse-Füllung. Form und Größe des Brandteig-Gebäcks können Sie Ihren Wünschen anpassen.

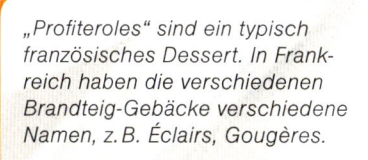

„Profiteroles" sind ein typisch französisches Dessert. In Frankreich haben die verschiedenen Brandteig-Gebäcke verschiedene Namen, z. B. Éclairs, Gougères.

17 Gebackene süße „Muscheln"

Zutaten

Teig für Muschel-Auflage
180 g Zucker
90 g Margarine, kalt, in Stücken
90 g Butter, kalt, in Stücken
250 g Mehl
1 TL Vanilleextrakt oder
2 TL Vanillezucker

Hefeteig
150 g Zucker
80 g Margarine, in Stücken
80 g Butter, in Stücken
1 EL Trockenhefe (15 g)
1 EL Vanilleextrakt oder 1½ EL Vanillezucker
25 g Milch
4 Eier
520 g Mehl
2 TL Salz

Gesamtzeit: 1 Std. 50 Min.
Arbeitszeit: 30 Min.
20 Stück
mittel
pro Stück: Eiweiß 6 g;
Kohlenhydrate 45 g; Fett 16 g
kJ 1448; kcal 346

Zubereitung

Teig für Muschel-Auflage

1. Zucker in den Mixtopf geben und **15 Sek./Stufe 10** pulverisieren.
2. Margarine, Butter, Mehl und Vanilleextrakt zugeben, **15–20 Sek./Stufe 5** vermischen, zu einer Kugel formen, in Frischhaltefolie einwickeln und 60 Minuten im Kühlschrank ruhen lassen.

Hefeteig

3. Zucker, Margarine, Butter, Trockenhefe, Vanilleextrakt und Milch in den Mixtopf geben und **2 Min./37°/Stufe 2** erwärmen.
4. Eier zugeben und **10 Sek./Stufe 5** vermischen.
5. Mehl und Salz zugeben, **2 Min.** kneten, in eine Schüssel umfüllen, abdecken und an einem warmen Ort gehen lassen, bis sich das Volumen etwa verdoppelt hat (ca. 45 Minuten).
6. Backofen auf 190 °C vorheizen.
7. Teig zu 20 gleich großen Kugeln formen und mit 8 cm Abstand voneinander auf ein mit Backpapier belegtes Backblech legen. Teig für Muschel-Auflage ebenfalls in 20 gleiche Teile teilen, rund und flach formen und je eine Teigscheibe leicht auf eine Hefeteigkugel drücken. Mit einem scharfen Messer diese Platten leicht so einschneiden, dass ein Muschelmuster entsteht. Im auf 190 °C vorgeheizten Backofen 18–20 Minuten goldgelb backen und vor dem Servieren auf einem Kuchengitter abkühlen lassen.

Tipp
Sie können je nach Vorliebe auch nur Butter oder nur Margarine verwenden.

Frischhaltefolie, Backbleche, Backpapier

Dieses Gebäck wird in Mexiko „Conchas" – was so viel wie Venusmuschel heißt – genannt und ist dort sehr beliebt.

Backen

18 Cremetörtchen

Gesamtzeit: 1 Std. 10 Min.
Arbeitszeit: 15 Min.

12 Stück

einfach

pro Stück: Eiweiß 5 g;
Kohlenhydrate 31 g; Fett 18 g
kJ 1271; kcal 304

Zutaten

- 250 g Milch
- 250 g Sahne
- 170 g Zucker
- 50 g Mehl
- 5 Eigelb
- 1 Zimtstange
- Zitronenschale einer halben Bio-Zitrone
- 500 g Blätterteig aus dem Kühlregal

Zubereitung

1. **Rühraufsatz einsetzen.** Milch, Sahne, Zucker, Mehl und Eigelb in den Mixtopf geben und **10 Sek./Stufe 4** vermischen.

2. Zimtstange und Zitronenschale zugeben und **18 Min./90°/Stufe 2** kochen. Während dieser Kochzeit den Backofen auf 200 °C vorheizen. Falls erforderlich, den Blätterteig auf einer nicht klebenden Arbeitsfläche 3 mm dick ausrollen, 12 Kreise (Ø 10 cm) ausstechen, die groß genug sind, die Vertiefungen in einem Muffinblech auszufüllen. Je eine Vertiefung mit einer runden Teigplatte auskleiden.

3. Zimtstange und Zitronenschale aus der Creme entfernen, Creme in die mit Teig ausgelegten Vertiefungen füllen und darauf achten, dass sie nicht ganz bis oben voll gefüllt werden. Im auf 200 °C vorgeheizten Backofen 25–30 Minuten backen, bis die Füllung fest und oben gebräunt ist. 15 Minuten in der Form abkühlen lassen, bevor die Törtchen auf ein Kuchengitter kommen. Warm oder kalt genießen.

Tipps
- Genießen Sie die Cremetörtchen warm mit gemahlenem Zimt bestäubt.
- Je nach Bedarf können Sie auch mehr kleinere Törtchen backen. Dann verwenden Sie ein Muffinblech mit 24 kleinen Vertiefungen. Das Rezept reicht für 12 große oder 24 kleine Törtchen.

Muffinblech, Kuchengitter

Diese Törtchen sind eine echte portugiesische Köstlichkeit, auch bekannt unter dem Namen „Pastéis de Belem" nach der Bäckerei in Lissabon, aus der sie ursprünglich stammen.

Backen

19 Lebkuchen mit Honig

Zutaten

270 g Zucker
1 Eiweiß
100 g Butter
250 g Honig
½ TL Zimtpulver
½ TL Kardamom, gemahlen
½ TL Muskat
½ TL Salz
500 g Mehl
1 EL Backpulver oder
1 Päckchen à 15 g
1 Ei

Gesamtzeit: 3 Std. 40 Min.
Arbeitszeit: 30 Min.
80 Stück
mittel
pro Stück: Eiweiß 1 g; Kohlenhydrate 10 g; Fett 1 g
kJ 231; kcal 55

Zubereitung

Glasur

1. Zucker in den Mixtopf geben, **30 Sek./Stufe 10** pulverisieren, umfüllen und 150 g davon wieder zurück in den Mixtopf einwiegen.
2. **Rühraufsatz einsetzen.** Eiweiß zugeben und **1 Min./Stufe 3** schlagen. **Rühraufsatz entfernen.** Glasur umfüllen und abdecken.

Teig

3. Butter, restlichen Puderzucker, Honig und Gewürze in den Mixtopf geben und **5 Min./100°/Stufe 1** erhitzen.
4. Mehl, Backpulver und Ei zugeben und **1 Min./Stufe 4** kneten. Teig in eine Schüssel umfüllen, eine Kugel formen, abdecken und mindestens 2 Stunden abkühlen und ruhen lassen.
5. Backofen auf 180 °C vorheizen.
6. Teig in 4 gleiche Teile schneiden, jedes Teigstück zwischen Backpapier 5 mm dick ausrollen, in Rechtecke (3 x 5 cm) schneiden, mit etwas Abstand auf ein mit Backpapier ausgelegtes Backblech legen und im auf 180 °C vorgeheizten Backofen 12–15 Minuten backen.
7. Die noch heißen Lebkuchen mit dem Guss glasieren. Lebkuchen ganz abkühlen lassen, bevor sie in einer luftdichten Dose aufbewahrt werden.

Tipps

- Mit Ausstechförmchen können Sie auch Sterne, Herzen oder andere Formen ausstechen.
- Kinder helfen gerne beim Verzieren der glasierten Lebkuchen mit Rosinen, Nüssen oder verschiedenen Süßigkeiten.

Nudelholz, Backpapier, luftdicht verschließbare Dose

Backen

20 Mürbeteig-Kekse

Gesamtzeit: 1 Std.
Arbeitszeit: 20 Min.

40 Stück

einfach

pro Stück: Eiweiß 1 g;
Kohlenhydrate 8 g; Fett 4 g
kJ 317; kcal 76

Zutaten

100 g Zucker
200 g Butter, in Stücken
300 g Mehl
1 Ei
1 Prise Salz
1½ TL Vanillezucker

Zubereitung

1. Alle Zutaten in den Mixtopf geben und **40 Sek./Stufe 5** mithilfe des Spatels kneten. Teig zu einer Kugel formen, in eine Schüssel legen und abdecken. Teig im Kühlschrank 30 Minuten ruhen lassen, bevor er weiterverarbeitet wird.
2. Backofen auf 180 °C vorheizen.
3. Teig teilen und nach und nach zwischen 2 Stücken Backpapier 5 mm dick ausrollen. Mit Ausstechförmchen Kekse ausstechen, mit etwas Abstand auf ein mit Backpapier belegtes Backblech legen und im auf 180 °C vorgeheizten Backofen 10–12 Minuten goldgelb backen. Kekse gut abkühlen lassen, bevor sie verziert werden oder zur Aufbewahrung in luftdichte Dosen kommen.

Tipps
- Kinder helfen gerne beim Verzieren der Kekse mit buntem Zuckerguss, Schokoladenglasur und verschiedenen Dekor-Zuckerperlen.
- Füllen Sie Kekse mit Konfitüre. Streichen Sie etwas Konfitüre auf eine Keksseite, drücken Sie einen zweiten Keks darauf und bestäuben den Doppelkeks mit Puderzucker.

Nudelholz, Ausstechförmchen, Backblech, Backpapier

Variante
Aus diesem Teig können Sie auch einen **Mürbeteigboden** für einen Obstboden backen. Dazu rollen Sie den Teig wie im 3. Arbeitsschritt beschrieben aus, legen ihn in eine Obstboden- oder Springform (Ø 26 cm), stechen ihn mehrmals mit einer Gabel ein und backen ihn im auf 180 °C vorgeheizten Backofen 15–10 Minuten. Lassen Sie den Boden gut abkühlen, bevor Sie ihn mit Obst Ihrer Wahl belegen.

Backen

21 Cantucci

Gesamtzeit: 1 Std. 30 Min.
Arbeitszeit: 15 Min.

60 Stück

mittel

pro Stück: Eiweiß 1 g;
Kohlenhydrate 9 g; Fett 2 g
kJ 254; kcal 61

Zutaten

- 350 g Mehl
- 250 g Zucker
- 1 Prise Salz
- 2 TL Backpulver
- 2 Eier
- 1 Eigelb
- 20 g Anislikör
- 200 g Mandeln, ungeschält

Zubereitung

1. Backofen auf 180 °C vorheizen.
2. Mehl, Zucker, Salz, Backpulver, Eier und Eigelb in den Mixtopf geben und **1 Min./Stufe 5** kneten.
3. Anislikör zugeben und **20 Sek./Stufe 4** vermischen.
4. Mandeln zugeben und **20 Sek./Stufe 3** vermischen. Teig auf ein mit Backpapier belegtes Backblech geben und wie ein Baguette zu schmalen Streifen formen (30 cm lang, 3 cm breit). Auf genügend Abstand zwischen den Streifen achten und im auf 180 °C vorgeheizten Backofen 30 Minuten goldgelb backen. Der Teig ist dann noch weich. Mit einem scharfen Messer in schräge Scheiben (1 cm) schneiden. Vollständig auskühlen lassen, bevor die Cantucci zur Aufbewahrung in eine Keksdose oder ein großes Glas gegeben werden.

Tipps
- Cantucci zu Kaffee oder Tee reichen.
- Traditionell werden Cantucci in der Toskana zusammen mit dem süßen Dessertwein „Vin Santo" serviert.

Backblech, Backpapier

Backen

22 Mandelkonfekt

Zutaten

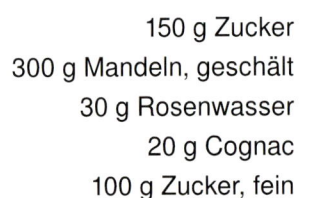

150 g Zucker
300 g Mandeln, geschält
30 g Rosenwasser
20 g Cognac
100 g Zucker, fein

Gesamtzeit: 11 Min.
Arbeitszeit: 10 Min.

25 Stück

einfach

pro Stück: Eiweiß 2 g;
Kohlenhydrate 10 g; Fett 6 g
kJ 461; kcal 110

Zubereitung

1. Zucker in den Mixtopf geben und **15 Sek./Stufe 10** pulverisieren.
2. Mandeln zugeben und **10 Sek./Stufe 6** zerkleinern.
3. Rosenwasser und Cognac zugeben und **6 Sek./Stufe 6** kneten.
   Aus dem Teig kleine Kugeln formen (Ø 2 cm), in dem feinen Zucker rollen, bis sie rundum davon bedeckt sind, und auf Lagen von Backpapier in luftdichten Behältern aufbewahren.

Vanillezucker

Gesamtzeit: 48 Std.
Arbeitszeit: 2 Min.

1 Glas

einfach

Zutaten

1 Vanilleschote, in Stücken
200 g Zucker

Zubereitung

1. Zucker und Vanilleschote zusammen in ein Glas füllen, schütteln, damit Zucker und Vanilleschotenstücke vermischt werden, und ca. 2–3 Tage trocknen lassen.
2. Inhalt des Glases in den Mixtopf geben, **15 Sek./Stufe 10** pulverisieren, in das Schraubglas geben und trocken aufbewahren.

Tipp
Ein gehäufter Teelöffel von diesem Vanillezucker ersetzt ein Portionspäckchen gekauften Vanillezucker.

Schraubglas

Typisch griechisches Mandelkonfekt (Marzipan).

23 Schoko-Cookies

Gesamtzeit: 45 Min.
Arbeitszeit: 15 Min.

30 Stück

einfach

pro Stück: Eiweiß 2 g;
Kohlenhydrate 13 g; Fett 6 g
kJ 485; kcal 116

Zutaten

- 100 g dunkle Schokolade, in Stücken
- 60 g Nüsse, gemischt
- 80 g Haferflocken
- 130 g Butter, weich, in Stücken
- 100 g Zucker
- 100 g brauner Zucker
- 1 Ei
- 2 TL Vanillezucker oder 1 TL Vanilleextrakt
- 130 g Mehl
- ½ TL Natron
- ½ TL Backpulver
- ½ TL Salz

Zubereitung

1. Backofen auf 180 °C vorheizen.
2. Schokolade und Nüsse in den Mixtopf geben, **2–3 Sek./Stufe 6** zerkleinern und umfüllen.
3. Haferflocken in den Mixtopf geben, **3 Sek./Stufe 8** grob zerkleinern und umfüllen.
4. Butter, beide Zuckersorten, Ei und Vanillezucker in den Mixtopf geben und **2 Min./Stufe 2** schaumig rühren.
5. Mehl, Haferflocken, Natron, Backpulver und Salz zugeben und **40 Sek./Stufe 4** vermischen.
6. Gehackte Schokolade und Nüsse zugeben und **30 Sek./Stufe 2** verrühren. Aus dem Teig mit zwei Teelöffeln walnussgroße Kugeln formen und mit 3 cm Abstand auf mit Backpapier belegte Backbleche setzen. Die Backbleche nacheinander in den auf 180 °C vorgeheizten Backofen geben, und die Cookies 10–12 Minuten braun backen. Ganz abkühlen lassen, bevor sie serviert oder in luftdichten Behältern aufbewahrt werden.

Backbleche, Backpapier

Varianten
- Je nach Geschmack können Sie mehr gehackte Schokolade oder Nüsse zum Teig geben oder auch einige Nüsse zu den Hafer-Rosinen-Cookies geben.
- Um **Hafer-Rosinen-Cookies** zu backen, überspringen Sie den 2. und 3. Schritt. Im 5. Schritt erhöhen Sie die Haferflockenmenge von 80 g auf 100 g. Im 6. Schritt geben Sie 120 g Rosinen anstelle der Schokolade und der Nüsse in den Mixtopf.

Backen

Getränke

Mixgetränke sind so abwechslungsreich, weil man zu jedem Drink unzählige Varianten zubereiten kann. Hier wird jeder fündig: Von Limonaden über Lassi bis zu heißer Schokolade und Caipirinha ist alles dabei, was schmeckt und gute Laune macht.

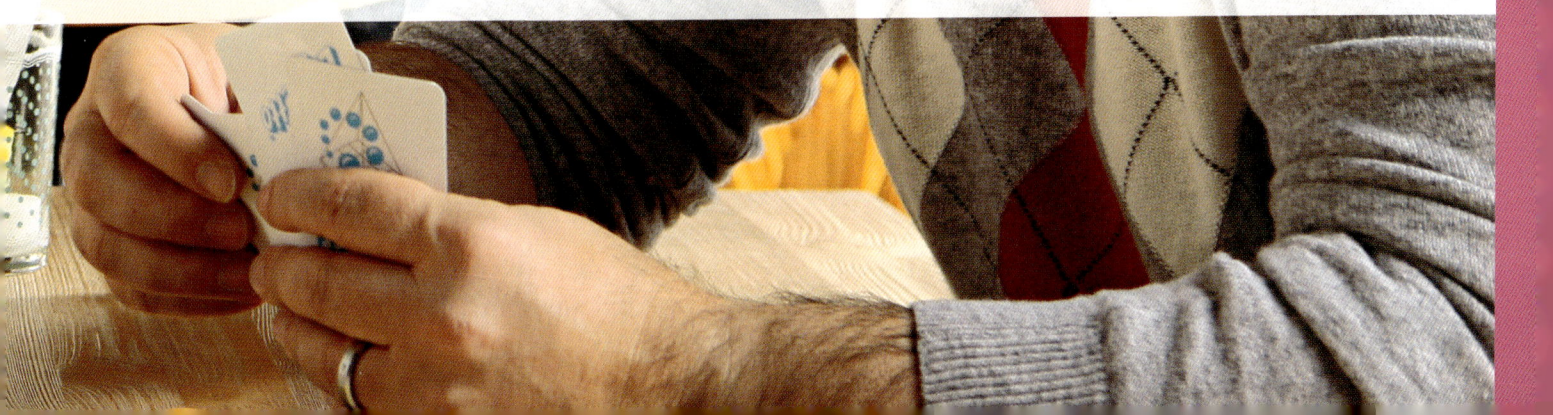

1	*Limonade* 🇪🇸 Seite 288		7	*Milchschaum für Cappuccino, Latte Macchiato* 🇮🇹 Seite 294
2	*Petersilien-Drink* 🇵🇱 Seite 288		8	*Heiße Schokolade* Seite 294
3	*Smoothie* Seite 290		9	*Apfelpunsch* Seite 296
4	*Fitness-Drink* Seite 291		10	*Eierlikör* 🇩🇪 Seite 297
5	*Sojadrink* Seite 292		11	*Whisky-Sahne-Likör* 🇮🇪 Seite 298
6	*Lassi* 🇮🇳 Seite 292		12	*Erdbeer-Limes* 🇬🇧 Seite 299

13 *Margarita*
    Seite 300

14 *Champagner-Zitronen-Slush*
    Seite 302

15 *Caipirinha*
    Seite 303

16 *Piña Colada*
    Seite 304

17 *Punsch vom Loiretal*
    Seite 305

18 *Sangria*
    Seite 306

Getränke

1 Limonade

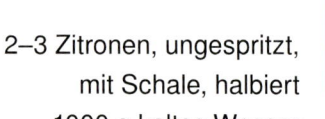

Zutaten

2–3 Zitronen, ungespritzt, mit Schale, halbiert
1000 g kaltes Wasser
100 g Zucker
10 Eiswürfel

Gesamtzeit: 5 Min.
Arbeitszeit: 5 Min.

6 Gläser

einfach

pro Glas: Eiweiß 0 g; Kohlenhydrate 18 g; Fett 0 g
kJ 317; kcal 76

Zubereitung

1. Zitronen, Wasser und Zucker in den Mixtopf geben, Messbecher mit der Hand festhalten, damit er nicht vibriert, und **2 Sek./⊃/Turbo** drücken.
2. Gareinsatz einsetzen, diesen mit dem Spatel im Mixtopf zurückhalten und Limonade in einen Krug absieben. Eiswürfel zugeben und sofort servieren.

Varianten
- Ersetzen Sie die Zitrone durch 2 kleine Orangen oder Grapefruits.
- Je nach Geschmack können Sie die Zuckermenge auch reduzieren.

2 Petersilien-Drink

Zutaten

500 g Wasser
8–10 Stängel Petersilie, abgezupft
1 Zitrone, geschält (alles Weiße entfernen), entkernt
70 g Zucker
100 g Eiswürfel

Gesamtzeit: 5 Min.
Arbeitszeit: 5 Min.

4 Gläser

einfach

pro Glas: Eiweiß 0 g; Kohlenhydrate 19 g; Fett 0 g
kJ 342; kcal 82

Zubereitung

1. Stellen Sie ein Gefäß auf den Mixtopfdeckel, wiegen Sie 500 g Wasser ein und stellen es zur Seite.
2. Petersilie, Zitrone, Zucker und Eiswürfel in den Mixtopf geben, Messbecher mit der Hand festhalten, damit er nicht vibriert, und **2 Min./Stufe 10** pürieren. Währenddessen das Wasser langsam auf den Mixtopfdeckel gießen. Sofort in 4 kleinen Gläsern servieren.

Dieses erfrischende Getränk ist in Spanien und Italien sehr beliebt und mit dem Thermomix einfach herzustellen.

Getränke

3 Smoothie

Gesamtzeit: 6 Min.
Arbeitszeit: 5 Min.
je Getränk

4 Gläser
je Getränk

einfach

pro Glas: Eiweiß 1 g;
Kohlenhydrate 24 g; Fett 0 g
kJ 480; kcal 115

Zutaten

Himbeer-Melonen-Smoothie:

300 g Melone, Fruchtfleisch, in Stücken

200 g Himbeeren, gefroren

1 Banane, in Stücken

200 g Apfelsaft oder Traubensaft

20 g Fruchtsirup oder Honig

Mango-Bananen-Smoothie:

1 Mango, geschält, entkernt, in Stücken

1 Banane, in Stücken

500 g Orangensaft

80 g Eiswürfel

Zubereitung

1. Alle Zutaten für eine Smoothiesorte in den Mixtopf geben, **5 Sek./Stufe 5** zerkleinern, **1 Min./Stufe 10** pürieren, in Gläser füllen und servieren.

Varianten
Smoothies nach Wunsch!
Wählen Sie Ihre Lieblingsfrüchte oder Früchte der Saison, Fruchtsaft oder Mineralwasser. Je nach Geschmack geben Sie ein anderes Süßungsmittel (z.B. Zucker, Honig, Sirup oder eine reife Banane) zu und füllen mit Milch, Joghurt oder Sojadrink auf. Zum Kühlen des Smoothies nehmen Sie gefrorene Früchte oder Eiswürfel.

Fitness-Drink

Gesamtzeit: 6 Min.
Arbeitszeit: 5 Min.

4 Gläser

einfach

pro Glas: Eiweiß 2 g;
Kohlenhydrate 33 g; Fett 1 g
kJ 711; kcal 170

Zutaten

1–2 Möhren, in Stücken
1 Apfel, geviertelt, entkernt
1 Orange, geschält (ohne weiße Anteile), entkernt
1 Banane, in Stücken
30 g Haferflocken
750 g Orangensaft

Zubereitung

1. Möhren und Obst in den Mixtopf geben und **30 Sek./Stufe 9** zerkleinern.
2. Haferflocken und Orangensaft zugeben, **1 Min./Stufe 10** pürieren, in Gläser gießen und servieren.

> **Tipp**
> Genießen Sie diesen Drink nach dem Fitness-Training oder wenn Sie mal einen Energieschub benötigen.

Getränke

5 Sojadrink

Zutaten

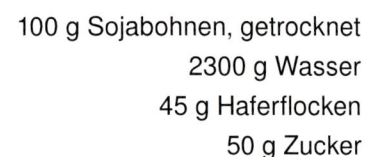

100 g Sojabohnen, getrocknet
2300 g Wasser
45 g Haferflocken
50 g Zucker

*Gesamtzeit: 4 Std. 40 Min.
Arbeitszeit: 4 Min.*   *8 Gläser*   *mittel*   *pro Glas: Eiweiß 5 g;
Kohlenhydrate 13 g; Fett 3 g
kJ 404; kcal 97*

Zubereitung

1. Gewaschene Sojabohnen und 500 g Wasser in eine Schüssel geben und mindestens 4 Stunden einweichen lassen.
2. 900 g Wasser in den Mixtopf geben und **6 Min./100°/Stufe 1** aufkochen.
3. Abgetropfte Sojabohnen zugeben und **20 Min./100°/Stufe 1** ohne Messbecher garen. Gareinsatz als Spritzschutz auf den Mixtopfdeckel stellen.
4. Haferflocken zugeben, Messbecher einsetzen, **30 Sek./Stufe 6** zerkleinern und dann **2½ Min./Stufe 10** pürieren.
5. 900 g Wasser und Zucker zugeben, **7 Min./100°/Stufe 1** aufkochen und dann **5 Sek./Stufe 3** mischen. Heiß oder kalt servieren.

Tipps
- Der Sojadrink hält sich im Kühlschrank etwa 1 Woche (5–7 Tage).
- Wenn Sie kochendes Wasser zugeben, erübrigen sich die Kochzeiten in dem 2. und 5. Arbeitsschritt.

6 Lassi

Zutaten

500 g Naturjoghurt
350 g kaltes Wasser
½ TL Kardamom, gemahlen
40 g Zucker oder Honig
20 g Zitronensaft

*Gesamtzeit: 4 Min.
Arbeitszeit: 3 Min.*   *4 Gläser*   *einfach*   *pro Glas: Eiweiß 4 g;
Kohlenhydrate 14 g; Fett 5 g
kJ 502; kcal 120*

Zubereitung

1. Alle Zutaten in den Mixtopf geben und **30 Sek./Stufe 10** mixen. Das erfrischende Getränk in Gläser füllen und sofort servieren.

Tipp
Nach Wunsch mit Eiswürfeln oder gecrushtem Eis servieren. Zum Eiscrushen 200 g Eiswürfel in den Mixtopf geben und **4 Sek./Stufe 5** zerkleinern.

Getränke

Varianten
- Das einfache **indische Lassi** ist salzig! Dazu anstelle von Zucker 2 TL Salz zugeben.
- Für ein **fruchtiges Lassi** im 1. Schritt 100 g Mango, Bananen oder Beeren und 1 TL Rosenwasser zugeben.
- Versuchen Sie einmal ein Lassi mit 50 g Gurken, geschält und entkernt, und 20 g Minzblättern, die im 1. Schritt zugegeben werden.
- Jedes indische Restaurant hat seine eigene Gewürzmischung. Probieren Sie anstelle von Kardamom gemahlenen Cumin oder Koriander oder eine Mischung daraus.

7 Milchschaum für Cappuccino, Latte Macchiato

Zutaten

200–400 g Milch, max. 1,5 % Fett, eiskalt

Gesamtzeit: 8 Min.
Arbeitszeit: 4 Min.
2 Portionen
einfach
pro Portion: Eiweiß 5 g; Kohlenhydrate 7 g; Fett 2 g
kJ 305; kcal 72

Zubereitung

1. **Rühraufsatz einsetzen.** Milch in den Mixtopf geben und **2–3 Min./Stufe 4** aufschäumen.
2. Dann **3–5 Min./80°/Stufe 2–3** erwärmen.
   Milchschaum mit Espresso oder Kaffee in Gläser oder Tassen geben.

Tipps
- Damit die Milch eiskalt (fast 0 °C) ist, stellen Sie die benötigte Menge Milch vorher für kurze Zeit in den Gefrierschrank. Oder geben Sie Milch und zwei Eiswürfel in den Mixtopf und crushen das Eis vor dem 1. Arbeitsschritt **5 Sek./Stufe 9 (ohne Rühraufsatz!)**.
- Nicht erwärmten Milchschaum können Sie auch als eine Art „leichte Schlagsahne" zu Eis, Fruchtsaucen oder Obstsalat genießen.

8 Heiße Schokolade

Zutaten

500 g Milch
100–150 g Schokolade, in Stücken

Gesamtzeit: 7 Min.
Arbeitszeit: 1 Min.
4 Tassen
einfach
pro Tasse: Eiweiß 7 g; Kohlenhydrate 23 g; Fett 14 g
kJ 1038; kcal 248

Tipp
Köstlich am Nachmittag zu einem Stück Kuchen oder ein paar Keksen. Mit etwas steif geschlagener Sahne oder Milchschaum krönen.

Zubereitung

1. Milch und Schokolade in den Mixtopf geben und **6 Min./80°/Stufe 2** erhitzen. In Gläser oder Tassen gießen und sofort servieren.

Varianten
Aromatisieren Sie Ihre heiße Schokolade mit Gewürzen (z. B. Vanille, Kardamom, Zimt, Nelke, Sternanis) und geriebener Orangen- oder Zitronenschale.

Getränke

9 Apfelpunsch

Gesamtzeit: 26 Min.
Arbeitszeit: 4 Min.

6 Gläser

einfach

pro Glas: Eiweiß 0 g;
Kohlenhydrate 16 g; Fett 0 g
kJ 293; kcal 70

Zutaten

500 g Apfelsaft
500 g Wasser
¼ Zimtstange (3 cm)
1 Stück Sternanis
50 g Honig
1 EL Lindenblütentee oder Hagebuttentee, getrocknet
40 g Zitronensaft
1 Orange, geschält (ohne weiße Anteile), in Stücken

Zubereitung

1. Alle Zutaten in den Mixtopf geben, **7 Min./100°/Stufe 1** aufkochen und 15 Minuten ziehen lassen.
2. Gareinsatz einsetzen, diesen mit dem Spatel im Mixtopf festhalten und den Punsch in Gläser oder Tassen sieben. Sofort servieren.

10 Eierlikör

Gesamtzeit: 12 Min.
Arbeitszeit: 4 Min.

3 Flaschen

einfach

pro Flasche: Eiweiß 10 g;
Kohlenhydrate 70 g; Fett 43 g
kJ 3690; kcal 882

Zutaten

8 Eigelb
200 g Zucker
250 g Sahne
250 g Doppelkorn, 38 % Vol.
1 TL Vanillezucker, selbst gemacht

Zubereitung

1. Alle Zutaten in den Mixtopf geben und **8 Min./70°/Stufe 4** vermischen. Likör in 3 Flaschen à 300 ml umfüllen und im Kühlschrank aufbewahren.

Tipps
- Als Alternative zum Doppelkorn können Sie auch einen anderen milden Brandy mit 38 % Vol. verwenden. Eierlikör mit Korn oder Brandy mit geringerem Alkoholgehalt sollte bald verbraucht werden. Gelingt auch mit sterilem Eigelb aus dem Tetrapack.
- Genießen Sie den Eierlikör aus kleinen Schokoladen-Waffelbechern. Eierlikör als Sauce über Eis oder andere Desserts geben.
- Immer ein schönes Mitbringsel aus der Küche, schnell und einfach zuzubereiten.

3 Flaschen à 300 ml

11 Whisky-Sahne-Likör

Gesamtzeit: 12 Min.
Arbeitszeit: 5 Min.

1 Flasche

einfach

pro Flasche: Eiweiß 18 g; Kohlenhydrate 210 g; Fett 143 g kJ 11991; kcal 2866

Zutaten

400 g Sahne
250 g Whisky
20 g Vollmilch-Schokolade
20 g Zartbitter-Schokolade
180 g Zucker
1 Ei

Zubereitung

1. Ein Gefäß auf den Mixtopfdeckel stellen, 200 g Sahne einwiegen und zur Seite stellen. Ein zweites Gefäß auf den Mixtopfdeckel stellen, Whisky einwiegen und ebenfalls zur Seite stellen.
2. Schokolade, Zucker, Ei und 200 g Sahne in den Mixtopf geben, **10 Sek./Stufe 10** vermischen und **5 Min./90°/Stufe 3** erhitzen.
3. Weitere **4 Min./90°/Stufe 3** einstellen und währenddessen bei eingesetztem Messbecher Whisky und restliche Sahne langsam auf den Mixtopfdeckel gießen.
4. Getränk in eine heiß ausgespülte Flasche füllen, abkühlen lassen und im Kühlschrank aufbewahren.

Tipp
Nicht nur für Gäste!

1 Flasche (1 l)

12 Erdbeer-Limes

Gesamtzeit: 7 Min.
Arbeitszeit: 5 Min.

2 Flaschen

einfach

pro Flasche: Eiweiß 2 g; Kohlenhydrate 68 g; Fett 1 g kJ 2910; kcal 695

Zutaten

100 g Zucker
600 g Erdbeeren, gefroren
100 g Zitronensaft
100 g kaltes Wasser
330 g Wodka

Zubereitung

1. Zucker in den Mixtopf geben und **10 Sek./Stufe 10** pulverisieren.
2. Gefrorene Erdbeeren zugeben und **30 Sek./Stufe 10** zerkleinern.
3. Zitronensaft, Wasser und Wodka zugeben und **30 Sek./Stufe 6** vermischen. In zwei Flaschen (à 0,7 l) füllen und im Kühlschrank aufbewahren.

Tipp
Tolles Mitbringsel zur einer Party!

2 Flaschen à 0,7 l

Varianten:
- Anstelle von Zitronensaft Limettensaft verwenden oder eine Mischung von beiden.
- Versuchen Sie es auch einmal mit anderen Beeren oder gefrorenen Früchten.

Getränke

13 Margarita

Zutaten

70 g Tequila
100 g Cointreau
3 Zitronen, geschält
(weiße Teile entfernt), entkernt
150 g Zucker
400 g Eiswürfel

Gesamtzeit: 12 Min.
Arbeitszeit: 10 Min.

6 Gläser

einfach

pro Glas: Eiweiß 0 g;
Kohlenhydrate 31 g; Fett 0 g
kJ 877; kcal 210

Zubereitung

1. Tequila, Cointreau, Zitronen und Zucker in den Mixtopf geben und **15 Sek./Stufe 6** zerkleinern.
2. Eiswürfel zugeben, **1 Min./Stufe 10** crushen, Margarita in Gläser gießen und mit einem Strohhalm servieren.

Tipp
Zur Dekoration benetzen Sie die Ränder der Margarita-Gläser mit einer Scheibe Zitrone und drücken sie in Salz.

Strohhalme

Variante
Für eine Erdbeer-Margarita oder eine Margarita mit anderen Früchten geben Sie 300 g Obst und nur 1 Zitrone anstelle der 3 Zitronen beim 1. Schritt in den Mixtopf.

Getränke

14 Champagner-Zitronen-Slush

Gesamtzeit: 3 Min.
Arbeitszeit: 2 Min.

8 Gläser

einfach

pro Glas: Eiweiß 0 g;
Kohlenhydrate 29 g; Fett 0 g
kJ 671; kcal 160

Zutaten

4 Zitronen, ungespritzt, mit Schale, geviertelt
500 g Champagner
800 g Eiswürfel
200 g Zucker

Zubereitung

1. Zitronen und Champagner in den Mixtopf geben, Messbecher festhalten und **6 bis 8 Mal/⊃/Turbo** drücken. Gareinsatz einsetzen, diesen mit dem Spatel im Mixtopf festhalten und Flüssigkeit in ein Gefäß absieben. Gareinsatz herausnehmen, Mixtopf leeren und mit Wasser umspülen.
2. Eiswürfel, Zucker und abgesiebte Flüssigkeit wieder in den Mixtopf geben, **30 Sek./Stufe 5** mischen, in Gläser füllen und sofort mit einem Strohhalm servieren.

Tipp
Glas mit einer Zitronenscheibe dekorieren.

Varianten
- Für eine alkoholfreie Variante ersetzen Sie den Champagner durch Wasser.
- Anstelle von Zitrone können Sie nach Geschmack auch 300 g andere Früchte in den Mixtopf geben (z. B. Pfirsiche, Erdbeeren).

15 Caipirinha

Gesamtzeit: 4 Min.
Arbeitszeit: 3 Min.

4 Gläser

einfach

pro Glas: Eiweiß 0 g;
Kohlenhydrate 26 g; Fett 1 g
kJ 868; kcal 208

Zutaten

100 g Zucker
150 g Cachaça
800 g Eiswürfel
3 Limetten, ungespritzt, geviertelt

Zubereitung

1. Zucker in den Mixtopf geben und **15 Sek./Stufe 10** pulverisieren.
2. Cachaça und Eiswürfel zugeben und **2–3 Sek./Stufe 5** crushen.
3. Limetten zugeben, **2–4 Mal/⌐/Turbo** drücken und in Gläsern mit Strohhalm servieren.

Varianten
- Als Zuckeralternative wählen Sie braunen Zucker oder Muscovado-Zucker und anstelle von Cachaça weißen Rum.
- In Portugal ist die Variante „Caipirosca" sehr beliebt, bei der Wodka statt Cachaça genommen wird.

Strohhalme

Getränke

16 *Piña Colada*

Gesamtzeit: 7 Min.
Arbeitszeit: 6 Min.

6 Gläser

einfach

pro Glas: Eiweiß 2 g;
Kohlenhydrate 15 g; Fett 19 g
kJ 1418; kcal 341

Zutaten

240 g weißer Rum
200 g Ananassaft
300 g Ananas, frisch
80 g Sahne
120 g Kokoscreme
250 g Eiswürfel
6 Cocktailkirschen

Zubereitung

1. Weißen Rum, Ananassaft, 200 g Ananasstücke, Sahne und Kokoscreme in den Mixtopf geben und **10 Sek./Stufe 8** pürieren.
2. Eiswürfel zugeben und **4 Sek./Stufe 5** crushen. In Cocktailgläser gießen, mit Ananasspalten und Cocktailkirschen dekorieren und mit einem Strohhalm servieren.

Piña Colada wurde in Puerto Rico in der Karibik erfunden.

Strohhalme

17 Punsch vom Loiretal

Gesamtzeit: 10 Min.
Arbeitszeit: 8 Min.

8 Gläser

einfach

pro Glas: Eiweiß 0 g;
Kohlenhydrate 23 g; Fett 0 g
kJ 819; kcal 196

Zutaten

3 Zitronen, ausgepresst
120 g Rohrzucker
120 g Cointreau
150 g Eiswürfel
1 Flasche Sekt, weiß, fruchtig
(z. B. Crémant de Loire), gekühlt

Zubereitung

1. Zitronensaft, Rohrzucker, Cointreau und Eiswürfel in den Mixtopf geben und **10 Sek./Stufe 8** zerkleinern.
2. Sekt zugeben und **10 Sek./Stufe 3** vermischen. Kalten Punsch in ein Bowlengefäß gießen und mit einer Schöpfkelle in Gläser füllen.

Tipp
Geben Sie einige frische Erdbeeren mit in die Glasschüssel.

Die beiden Hauptzutaten Crémant de Loire und Cointreau sind Produkte aus dem Loiretal, dem Ursprungsgebiet dieses kalten Punsches.

Getränke

18 *Sangria*

Gesamtzeit: 12 Min.
Arbeitszeit: 8 Min.

6 Gläser

einfach

pro Glas: Eiweiß 1 g;
Kohlenhydrate 40 g; Fett 0 g
kJ 1089; kcal 260

Zutaten

3 Pfirsiche, geschält, halbiert, entkernt
1 Orange
1 Zitrone
150 g Zucker
600 g Rotwein
330 g Mineralwasser oder Orangen- bzw. Zitronenlimonade
150 g Eiswürfel
40 g Wermut
40 g Weinbrand
40 g Gin
½ TL Zimt

Zubereitung

1. Pfirsiche in den Mixtopf geben, **3 Sek./Stufe 4** zerkleinern und in ein großes Gefäß umfüllen.
2. Mit einem Sparschäler die Orangen- und Zitronenschale zu je einer langen Spirale abschälen (Dekoration). Die weißen Schalenanteile von Orange und Zitrone abschneiden und das Fruchtfleisch in den Mixtopf geben.
3. Zucker zugeben und **1 Min./Stufe 10** zerkleinern.
4. Die restlichen Zutaten zugeben, **1 Min./Stufe 2** vermischen, in das Gefäß mit den Pfirsichen gießen, mit den Schalenspiralen dekorieren und servieren.

Tipp
Alle Flüssigkeiten sollten vorher gekühlt sein. Wenn Sie Sangria im Voraus vorbereiten, im Kühlschrank kalt halten und vor dem Servieren Eiswürfel zugeben.

2-l-Gefäß, Sparschäler

Sangría, das Nationalgetränk Spaniens, ist weltweit bekannt.

Getränke

Alphabetischer Index

A Aioli ohne Ei 184
Apfel-Crumble 222
Apfelmus 150
Apfel-Nuss-Brot 252
Apfelpunsch 296
Apfelstrudel 265
Aprikosenkonfitüre 204
Auberginensalat Zaalouk 68
B Badische Kartoffelsuppe 80
Baguette, traditionell 242
Bandnudeln mit gedünsteten Steinpilzen 156
Basilikum-Pesto 180
Béchamelsauce 178
Bolognese-Sauce 106
Borschtsch 90
Brandteig „Profiteroles" 268
Bratwurst-Apfel-Risotto 146
Brotvarianten mit Feta und Oliven 240
Burrito 109
C Caipirinha 303
Calzone 128
Cantucci 278
Champagner-Zitronen-Slush 302
Chili-Brot 244
Chutney mit Mango 200
Cookies 282
Couscous mit Lamm-Gemüse-Ragout 124
Crema catalana 216
Cremetörtchen 272
D Dinkel-Buchweizen-Brot 236
E Eier kochen 72
Eierlikör 297
Eiernudeln 162
Erbsensuppe 84
Erdbeereis 224
Erdbeer-Limes 299
Erdnussdip 194
F Feurige Kartoffeln (Tapas) 58
Fischragout mit Kokosmilch 142
Fischtopf 134
Fitness-Drink 291
Focaccia mit Zwiebeln 246
Frischkäse-Aufstrich 198
Fruchteis 226
Fruchtige Lassi 292
Fruchtjoghurt 230
G Gazpacho „Andalusia" 70
Gebackene süße „Muscheln" 270
Gefüllte Wirsingrollen mit Tomatensauce 102
Gemischte Rohkost 54
Gemüse mit Reis und süß-saurer Sauce 148
Gemüse, dampfgegart 172

Gemüse-Curry, indisch 144
Gemüsesalz 56
Gemüsesuppe, winterlich 86
Gewürzpaste 36, 38, 40
Gewürzpaste für Fischbrühe 40
Gewürzpaste für Fleischbrühe 38
Gewürzpaste für Gemüsebrühe 36
Gewürzpaste für Hühnerbrühe 38
Grüne Nudeln 162
Guacamole 50
Gulasch, ungarisch 122
H Hafer-Rosinen-Cookies 282
Hähnchen „San Fernando" 112
Hähnchen-Paprika-Topf 114
Haselnuss-Schoko-Creme 206
Hecht auf galicische Art 132
Heiße Schokolade 294
Himbeerkonfitüre 202
Himbeer-Melonen-Smoothie 290
Hollandaise 178
Hummus 196
I Indische Lassi 292
Indisches Gemüse-Curry 144
J Jakobsmuscheln mit Porree 140
Joghurt 230
Joghurt-Dressing 182
K Kabeljau mit Zitrusbutter 130
Kalte Rote-Bete-Suppe 72
Kartoffel-Gemüse-Püree 168
Kartoffel-Omelette, spanisch 152
Kartoffelpüree italienische Art 166
Kartoffelsuppe, badisch 80
Käsekuchen, polnisch 260
Käsesoufflé 64
Kekse 276
Ketchup 186
Kiwi-Bananen-Konfitüre 204
Kleine Krabben-Omelettes (Tapas) 62
Klößchen mit süßen Bröseln 158
Knödel 164
Kokosnuss-Joghurt 230
Konfitüre 202, 204, 206
Königsberger Klopse 100
Koreanische Nudeln Japchae 120
Krabben-Omelettes, klein 62
Kräuter-Aufstrich 198
Kräutersalz 54
Kräuterschmand 188
Kürbissuppe mit Meeresfrüchten 82
L Lachs-Tartar 52
Lamm-Gemüse-Ragout mit Couscous 124
Lasagne al forno 106

Alphabetischer Index

Lassi 292
Laugenbrezeln 248
Lebkuchen mit Honig 274
Lemon Curd 208
Limonade 288
Linsensuppe 84
M Mais-Tortila 109
Mandelkonfekt 280
Mandelkuchen „Santiago" 254
Mango-Bananen-Smoothie 290
Mango-Chutney 200
Mangoeis 224
Margarita 300
Marmorkuchen 258
Marokkanische Suppe „Harira" 88
Mayonnaise mit Kräutern ohne Ei 185
Milchreis 218
Milchschaum für Cappuccino, Latte Macchiato 294
Minestrone 74
Möhrenbrot 236
Mojo feurig rot 190
Mojo grün 190
Mürbeteigboden 276
Mürbeteig-Kekse 276
Muscheln, süß, gebacken 270
N Natur- oder Kokosnuss-Joghurt 230
O Oktopus-Reis 138
Orangen-Curry-Dressing 182
P Pavlova 220
Pesto mit Basilikum 180
Petersilien-Drink 288
Pflaumenaufstrich 206
Pilz-Risotto 146
Piña Colada 304
Pizza Margherita und Pizza Capricciosa 154
Polnischer Käsekuchen 260
Porree-Aufstrich 198
Profiteroles 268
Punsch vom Loiretal 305
Pürees 166 und 168
Q Quiche Lorraine 126
R Ratatouille 170
Ratatouille mit Streusel 170
Reibekuchen 150
Reibekuchen mit Gemüse 150
Rieslingsuppe 76
Rindfleischsuppe 118
Risotto mit Safran 146
Rohkost, gemischt 54
Rote Curry-Paste 116
Rote Grütze 218
Rote Nudeln ohne Ei 162

Rote-Bete-Suppe, kalt 72
Rotes Thai-Curry mit Huhn 116
S Salat 54, 56, 182
Salat-Dressings 182
Sangria 306
Sauce Hollandaise 178
Sauce Maltese 178
Schnelles Baguette 242
Schoko-Cookies 282
Schoko-Creme mit Haselnuss 206
Schokoladen- und Vanilleeiscreme 228
Schokoladenkuchen 256
Schokoladenmousse 214
Schokoladenpudding 212
Schwarzwälder Kirschtorte 262
Schweinelendchen mit Trockenpflaumen gefüllt 98
Semmelknödel 164
Senf-Balsamico-Dressing 182
Smoothie 290
Sojadrink 292
Spaghetti Carbonara 104
Spanisches Kartoffel-Omelette 152
Spargel mit Kartoffeln 172
Speckknödel 164
Steinpilze, gedünstet 156
Streusel (Crumble) 222
T Tapas 58, 60, 62
Tapenade 192
Thai-Curry mit Huhn, rot 116
Thunfisch mit Kartoffelragout 136
Toastbrot 238
Tomatenreis 166
Tomatensauce 180
Tzatziki 188
U Ungarischer Gulasch 122
V Vanilleeiscreme 228
Vanillesauce 208
Vanillezucker 280
Vegetarische „Würstchen" im Schlafrock 66
Venusmuscheln in Weißweinsauce (Tapas) 60
W Walnussbrot 236
Weißkohl-Salat 56
Weizen-Tortila 109
Whisky-Sahne-Likör 298
Winterliche Gemüsesuppe 86
Wirsingrollen, gefüllt, mit Tomatensauce 102
Z Zabaglione 212
Zitronensorbet 226
Zopf 250
Zwiebel-Focaccia 246
Zwiebelsuppe 78

309

Ευχαριστώ Gracias

Grazie

Danke

Thank you Merci

Dziękujemy 謝謝

Спасибо

Obrigado

Wir danken allen Rezept-Entwicklern für ihre kreative und kompetente Ausarbeitung neuer Thermomix-Rezepte. Mit viel Geduld und hohem Arbeitseinsatz arbeiteten sie mit an der Erstellung dieses internationalen Thermomix-Kochbuches, das nun in neun Sprachen vorliegt. Auch den Rezepttestern, die in allen Ländern die Rezepte getestet und begutachtet haben, danken wir ganz herzlich.

Thermomix Tochtergesellschaften

Deutschland *Italien* *Portugal*

Spanien

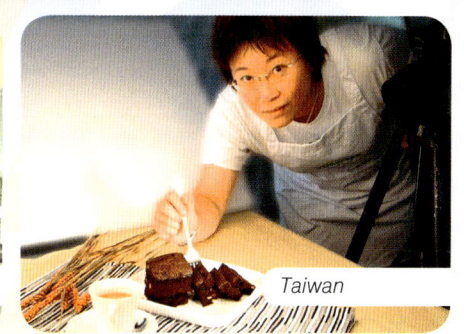

Frankreich

Polen

Mexiko

Taiwan

Autorisierte Vertriebspartner von Vorwerk

Griechenland

Australien

Danke den russischen Vertriebspartnern

Schweiz

Marokko

Korea

Ungarn

Danksagung

311

Impressum

Projekt-Management:
Corinna Haase

Vielen Dank für die professionelle Unterstützung an:

Marketing-Manager:
Alessandra Cattaneo, Sandra Jossien, Magdalena Kruk-Ołpińska, Hanna Möllenhoff, Yessica Ramírez, Dirk Schiffner, Laura Galhardo Simões

Projekt-Assistenten:
Valentina Acquilino, Beatriz Rodríguez

Rezept-Entwicklung:
Maria Acquaviva, Miriam Aguirre, Anne-Laure Allien, Irmgard Buth, Momo Chen, Piotr Kucharski, Renza Pivetti, Maria José de Resende, Cristina Vela Vico

Unterstützung bei der Rezept-Entwicklung:
Freddy Christandl, Koch und Genusstrainer, Schindellegi, Schweiz

Nährwertberechnung:
NutriService GbR, Hennef, Deutschland

Unterstützung bei der Übersetzung:
merle&sheppard Language Consulting GbR, Wuppertal, Deutschland

Gesamtrealisierung (Designkonzept, Text, Layout, Satz):
Effizienta – Zywietz & Kerle oHG, München, Deutschland

Fotografie:
Rezepte – Fotodesign Katja Dingel, Wuppertal
People – Effizienta – Zywietz & Kerle oHG, München Deutschland

Druck:
Canale S.A., Romania

Ausgabe/Veröffentlichung:
1. Auflage, Juli 2009, 102.500 Exemplare in 11 Sprachen
2. Auflage, April 2010, 111.000 Exemplare in 12 Sprachen

Herausgeber:
Vorwerk International Mittelsten Scheid & Co.
Verenastrasse 39
8832 Wollerau, Schweiz

www.thermomix.com

Kontaktadresse:
Vorwerk Deutschland Stiftung & Co. KG
Geschäftsbereich Thermomix
Mühlenweg 17–37
D-42270 Wuppertal

Tel. 0202-564-3811
www.thermomix.de

Copyright © by Vorwerk International Mittelsten Scheid & Co.
Alle Rechte der Verbreitung, auch durch Film, Funk, Fernsehen, fotomechanische Wiedergabe, Tonträger jeder Art, auszugsweisen Nachdruck oder Einspeicherung und Rückgewinnung in Datenverarbeitungsanlagen aller Art, sind vorbehalten.

ID number: 2010 04 23038 DE   Preis: 39 €

ISBN: 978-3-905948-01-1